WITHDRAWN

D1476571

EL ARTE DE TENER ESTILO

LA GUÍA PERFECTA PARA CREAR TU PROPIO *LOOK*

Somer Flaherty

Traducción: M.ª Carmen Escudero Millán

edaf

www.edaf.net

MADRID - MÉXICO - BUENOS AIRES - SAN JUAN - SANTIAGO
2014

Índice

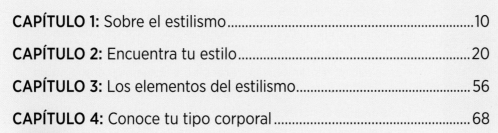

Parte I: El estilo es personalidad

Parte II: El estilo te pone a trabajar

De la autora

La moda y el estilo siempre me ha han apasionado, pero tardé mucho tiempo en darme cuenta de que podía convertir el estilismo en mi profesión. La escuela de Periodismo me enseñó muchas cosas sobre delincuencia, tecnologías, arte y política local, pero una sala de redacción no es el mejor lugar para plantear el eterno debate sobre tacones *versus* zapato plano. Pero, afortunadamente, no mucho tiempo después de acabar la carrera, encontré un trabajo en una revista donde se aceptaba, se alentaba, e incluso se ensalzaba la tarea de escribir sobre moda. Mientras estuve allí, fui responsable de redactar una columna mensual sobre tendencias en moda, supervisar los créditos de moda de la revista, reunir *looks* para las sesiones de fotos y entrevistar a una serie de diseñadores para reportajes mensuales. De repente, mi trabajo me apasionaba. ¡Lo adoraba!

El trabajo en el departamento de moda me aportó asimismo la experiencia que necesitaba para aprender a predecir tendencias de estilo y a desarrollar y a mantener contacto con diseñadores, *showrooms* y minoristas. Estos contactos me brindaron a su vez la oportunidad de vestir a chicas normales (no solo a modelos) que necesitaban ayuda para encontrar ropa, crear *looks* y, en general, saber qué hacer con su vestuario. Nada me producía más satisfacción que ver el rostro feliz de una clienta tras reinventar un armario no del todo perfecto, o justo después de encontrar el *look* adecuado para un gran evento.

Como periodista y estilista he pasado ya muchos años viendo cómo las tendencias de moda van y vienen, pero es ahora cuando siento que, ayudando a otras personas a conseguir un estilo adecuado para ellas, he encontrado la fusión perfecta entre mi experiencia y mis habilidades. Y a lo largo de todos estos años en la industria he descubierto el secreto del estilismo (ishhhhh!). No importa dónde compres, cuánto dinero tengas o cuál sea tu aspecto con un vestido de diseño: lo que tú necesitas es descubrir, en primer lugar, quién eres y, en segundo lugar, qué es lo que hace que te sientas totalmente cómoda y segura en tu propia piel.

Y esta es la razón por la cual he escrito *El libro del estilismo.* Quiero enseñarte cómo puedes tener éxito creando imagen por ti misma y —si realmente te gusta— cómo puedes crear imagen para otros e incluso lanzarte a la profesión. Este libro está pensado para consolidar tu confianza en el estilismo, inspirarte, cambiar tu actitud frente a la moda y, en general, enseñarte todo lo que necesitas saber para arreglarte según tu estilo (más *fashion*). Compartiré contigo los trucos y los consejos que he recopilado a lo largo de mi propio viaje por el mundo del estilismo, incluido cómo parecer que nadas en dinero cuando en realidad estás en la ruina (un tema en el que tuve oportunidad de profundizar cuando, con 20 años, vivía en una de las ciudades más caras del mundo) y la mejor manera de ampliar y de hacer inventario de tu colección (también conocida como ropa amontonada en tu armario). Por el camino, aprenderás mucho y, con suerte, adquirirás además una nueva visión de lo que significa vestir bien. Y, por encima de todo, te animo a pasártelo bien, porque, en definitiva, ¡la vida es mucho más que un armario lleno de ropa!

Somer Flaherty

Parte I:
El estilo es personalidad

No existe algo así como un «estilo perfecto». El estilo es el viaje, no el destino. De manera que, tanto si tienes estilo de forma natural como si no lo tienes, siempre se puede mejorar. La clave para potenciar tu estilo personal consiste en descubrir qué es lo que mejor funciona en tu caso, aunque resulte más fácil decirlo que hacerlo.

Esta primera parte pretende ayudarte a identificar tu sentido personal del estilo. En esta primera sección del libro conocerás la historia del estilismo y sus elementos clave, aprenderás a componer distintos estilos icónicos y sabrás qué hacer para adaptar esos *looks* a tu tipo corporal. Después, una vez que sepas en quién te inspiras, qué estilo te favorece más por tu figura corporal y cuál es tu forma de vida, podrás adoptar ese estilo y lanzarte a las calles (con ayuda de la Parte II). Así que ¡buena suerte y que te diviertas!

CAPÍTULO 1

Sobre
el estilismo

La ropa, el calzado, los bolsos y las joyas o la bisutería que te pones —y la manera en la que la que combinas todos estos elementos— es lo que, en conjunto, se entiende por *estilo.* Pero el estilo es algo más que un simple atuendo: tu estilo propio es una manera de expresar tu personalidad y de decirle al mundo quién eres. Y el proceso de creación de una vestimenta concreta (léase *look*) no es solo un requisito obligatorio antes de comenzar el día, sino que es también un acto muy revelador. La manera en la que escoges aquello que vas a ponerte —un color que hace que te sientas mejor, una joya que te trae a la memoria un bonito recuerdo o un vestido que te hace acordarte de una *celebrity* en concreto— dice mucho sobre lo que valoras, sobre cuáles son tus objetivos y sobre lo que hace que seas tú y solamente tú.

Puede que el estilismo no goce de la misma consideración que otras disciplinas artísticas, como la pintura, la escritura o la danza, pero para muchas personas tiene una función incluso más importante: es lo que hace que destaques entre la multitud. Y si piensas en el acto de vestirte como en una actuación diaria, en lugar de una tarea rutinaria, empezarás a darte cuenta de que la ropa (y los accesorios) puede transmitir tanto lo que eres como lo que quieres ser. Por todo esto usamos frases como «Vístete para triunfar» o «Vístete para el trabajo que quieres, no para el que tienes». Esta es también la razón por la cual resulta tan difícil vestirse para una primera cita y por la cual las novias se gastan a menudo más dinero en el vestido de novia —que jamás volverán a ponerse— que en cualquier otra prenda que vayan a tener nunca. El hecho es que sabemos lo importante que es la ropa, aun cuando no pensemos conscientemente en ello.

ESTILISMO: UN BREVE RESUMEN

Dada la importancia de la autopresentación, muchas personas optan por contratar a un estilista profesional. Piensa en la figura del estilista como en la de un maestro de los puzles. Un estilista ha de tener en cuenta el presupuesto, la disponibilidad y la localización y también debe considerar todas las variables que hacen que una persona sea única —como tipo corporal, color de pelo y tez— y encontrar la manera de crear el mejor *look* posible para su cliente. Cuando te sientes bien con lo que llevas puesto, también sientes que controlas tu persona. Y aunque a menudo la gente contrata a un estilista para que les ayude a crear el estilo perfecto, tú puedes utilizar la misma serie de habilidades y tácticas que utilizan los profesionales para definir tu propio estilo.

El nacimiento de la figura del estilista

Estudios de ADN han puesto de manifiesto que nuestros antecesores empezaron a vestirse con regularidad hace alrededor de 170.000 años. Pero el estilo es algo más que ropa y si quisieras ponerle fecha de nacimiento al estilismo moderno, tendrías que dar un salto atrás hasta la Revolución Industrial, cuando la ropa empezó a ser más fácil de fabricar y la gente corriente comenzó a crear moda por su cuenta.

La llegada de revistas de moda como *Vogue* y *Harper's Bazaar* contribuyó al desarrollo de la industria de la moda, pero el momento clave no llegaría hasta 1933, cuando Carmel Snow, editora de la legendaria revista estadounidense *Harper's Bazaar*, llevó a cabo la primera sesión fotográfica fuera de estudio. Su fotógrafo, Martin Munkacsi, tomó fotos de una modelo en una playa, cuando hasta entonces prácticamente todas las sesiones de fotos de moda se habían realizado en estudio y con modelos cuidadosamente colocadas y con prendas seleccionadas. Esta primera sesión en exteriores hizo historia en el mundo de las revistas de moda y, además, propició que el papel del estilista ganara importancia en el mundo de la moda.

Los años 20

La moda a través de las décadas

La década de 1920 (conocida como «Los locos años 20») terminó con la caída de la Bolsa, pero había comenzado con los ritmos de la música jazz, una frenética forma de bailar y un estilo de vestir más libre. Los tejidos con brillo, los diseños geométricos y los vestidos cortos podrían interpretarse como fruto de la rebelión frente a la forma de vestir más seria y recatada del siglo anterior.

Sin embargo, no fue hasta la explosión de las revistas del corazón o tabloides, a mediados de la década de 1990, cuando la profesión de estilista empezó realmente a darse a conocer. Las celebridades, temerosas de ser criticadas en estas publicaciones y de aparecer en las listas de «peor-vestidas», empezaron a contratar a profesionales del arte de vestir con la finalidad de que crearan para ellas espectaculares *look*s de alfombra roja. Y a medida que la cobertura de los medios de comunicación crecía y comenzaba a integrarse en la vida privada de las celebridades, los famosos empezaron a recurrir a estilistas para que les ayudara también a elegir la ropa del día a día.

La situación actual del estilismo

Afortunadamente para nosotros, hoy en día no tienes que ser un personaje famoso para tener un estilo magnífico. Piensa en ello de este modo: hay muchas cosas sobre las que no tienes control alguno como el mal tiempo, los vuelos retrasados, el tráfico y los exámenes sorpresa. De modo que cuando encuentras un área de tu vida de la que puedes hacerte cargo por completo, resulta muy motivador aprovechar la oportunidad y tomar las riendas. La moda ofrece exactamente este tipo de oportunidad y lo mejor de todo es que se encuentra a disposición de cualquiera que tenga interés por ella. A diferencia de cuanto ocurría en el siglo XIX, cuando las cinturas debían ir ceñidas por apretados corsés, o en los años 80 y 90 del pasado siglo, cuando los modelos de los diseñadores estaban solo al alcance de los clientes económicamente más acomodados, hoy en día la mejor moda es accesible para cualquiera que realmente esté interesado en ella.

Existen tiendas de precios económicos que ponen a la venta artículos de importantes marcas, grandes almacenes con una lista rotatoria de colecciones de diseñadores que ponen a la venta con un importante descuento sobre el precio normal solo por un tiempo limitado y existen también tiendas de ropa de segunda mano, donde un alijo de viejos cárdigan de mujer puede convertirse en un hallazgo *vintage* de lo más actual.

La talla, que en el pasado podía ser un obstáculo para una buena imagen, no es hoy en absoluto una barrera. No solo hay modelos como Crystal Renn (que con sus saludables 75 kilos, ocupó las portadas de *Vogue y Harper's Bazaar*) que cada día gozan de mayor popularidad, sino que las principales líneas de moda, como Marc Jacobs, están empezando a crear colecciones para mujeres que no se detienen en la talla 44.

Para mujeres con cualquier talla el lugar de residencia era también un escollo en lo referente a la moda. A finales del siglo XIX, aunque en Estados Unidos las señoras de la edad de nuestras abuelas recibieran el catálogo de Sears Roebuck & Co. —que vendía prácticamente de todo, desde jarabe para la tos hasta pintura para la casa de campo y ropa—, sus opciones de moda se veían limitadas por la tela disponible y por su capacidad para coser. Ahora, gracias a Internet y a las redes de mensajería y transporte urgente, es posible comprar prácticamente desde cualquier lugar y en cualquier momento y estrenar la ropa al día siguiente. Una prueba más de que el cambio y las nuevas tecnologías no son siempre un mal asunto.

Qué significa todo esto para ti

El acceso a la moda supone el acceso a un mundo de creación propia, en el que no importa necesariamente de dónde procedas, qué cuerpo tengas, dónde vivas o incluso qué edad tengas. ¡Puedes elegir tu propia aventura!

De modo que ¿a qué estás esperando? ¡Las oportunidades de crear imagen están por todas partes! ¿Has ayudado alguna vez a una amiga a elegir el vestido perfecto para una fiesta o le has dado un cambio radical a tu uniforme del colegio añadiendo accesorios de la cabeza a los pies? Es posible que no lo sepas, pero ya estás actuando como una estilista. Un estilista no es simplemente alguien a quien se paga para vestir a ricas y famosas, sino una persona con la que puedes contar a diario cuando te vistes. Y si trabajas lo suficiente, podrás incluso convertir tu pasión por un *look* perfecto en una profesión.

Más adelante comentaremos en el libro las oportunidades de trabajo y de formación dentro del estilismo en todas las facetas de la moda (incluidos trabajos en revistas, en el mundo de la fotografía y como estilista personal). Pero antes de que algo de todo esto sea posible, deberás dominar algunas herramientas clave del estilismo y conocer las características básicas que llevan a un estilista a conocer el éxito.

ATRIBUTOS DEL ESTILISTA

No importa en qué área de la industria del diseño trabaje un estilista: existe una serie de características clave que cualquier estilista debe reunir. Estos son los cinco atributos fundamentales:

Honestidad.
Sensatez.
Fascinanción.
Saber estar.
Orientado al detalle.

- **Honestidad**. Tanto si quieres asesorar a otros como si pretendes simplemente cuidar tu propia imagen, has de ser honesta en relaión con lo que queda bien y lo que no queda bien. Solo porque un artículo esté de moda o tenga la etiqueta de un diseñador no significa que sea la mejor opción para un *look* concreto o para una persona determinada.
- **Sensatez**. Todos querríamos tener una tarjeta de crédito ilimitado y sin repercusiones en nuestra cuenta bancaria, pero no parece que esto vaya a ocurrir en un futuro próximo. Mientras tanto, deberás ser sensata y consciente de cuál es tu presupuesto y de cuánto puedes gastar (tú o tu cliente). Cualquiera pueda quedar bien con un conjunto perfectamente coordinado de la cabeza a los pies, como recién salido de la pasarela, pero un buen estilista ha de ser capaz de triunfar también en entornos de economías más ajustadas.
- **Fascinación**. Si todos tuviéramos la misma imagen, el mundo sería un lugar muy aburrido. No temas experimentar con la moda o ser la primera persona de tu entorno que interpreta una nueva tendencia o que reinterpreta un *look* clásico.
- **Siempre atento a las necesidades**. Las artículos de última moda son divertidos, pero existen piezas necesarias, como un vestido negro o un par de vaqueros perfecto, que perduran siempre. La clave de un estilo magnífico reside en tener en el armario una combinación de artículos básicos y de última moda.
- **Orientado al detalle**. Un estilista debe hacerse cargo de todos los elementos que hacen posible un *look* determinado, incluidos el presupuesto, la personalidad, la ocasión y el tipo corporal.

Confía en tu propio estilo

Una vez que domines los atributos de un buen estilista, deberás tener plena confianza en tu propio estilo antes de poder asesorar a otros en este campo. Es posible que no te hayas criado enfundada en un vestido cruzado de Diane von Furstenberg, subida a unos tacones de aguja de Jimmy Choo y con un bolso Birkin de Hermes colgado del brazo, pero tampoco fueron estos los inicios de la mayoría de los profesionales de la moda, que han desarrollado su estilo a lo largo de años de experiencia.

La moda puede interpretarse de muy distintas maneras. Es posible que pienses que los *kitten heel,* esos taconcitos medianos y finos, están pasados de moda, mientras que tu mejor amiga puede pensar que es la mejor elección para dar un pequeño impulso al zapato plano. No importa lo «pasada de moda» que esté una pieza de vestir: si cada vez que te la pones te sientes increíble, entonces no deberías deshacerte de ella jamás. De hecho, una pieza de este tipo merece tratamiento privilegiado y debe ocupar un lugar de honor en tu armario.

Y no importa qué estilo acabes luciendo: recuerda que, ya tengas una talla 36 o una 46, el estilismo puede ayudarte a realzar tu figura y a salvar algunos escollos propios de la adolescencia. ¿No eres precisamente la chica más popular de la clase? ¿No conseguiste el papel principal en la función del colegio? No importa. Gracias a la moda podrás ser quien tú quieras ser, de forma inmediata. No tienes que esperar a hacerte mayor, a acabar el colegio o el instituto o a encontrar el trabajo de tus sueños. Es como un mundo de fantasía, en el que un día puedes ser una chica Gótica y al día siguiente una Surfera o una chica Glam. Por supuesto, aprender a diseñar un *look* estupendo no va a ayudarte a aprobar exámenes ni a salvar el mundo, pero un buen estilismo puede aportarte la confianza necesaria para conocer gente nueva, integrarte en algún grupo extraescolar, bordar tu entrevista para una beca de trabajo o simplemente para sonreír un poco más. Y lo mejor de la moda es que siempre está cambiando. La ropa que elijas hoy no tiene por qué definir tu aspecto para siempre.

Tacones para montar a caballo

Aunque pueda parecer que los tacones altos son una moda propia de las mujeres, en realidad los hombres fueron los primeros en llevarlos. Los tacones aparecieron en Francia a finales del siglo XVI y eran utilizados por los hombres para mantener con mayor facilidad los pies en los estribos cuando montaban a caballo. Como ventaja adicional, ya en tierra, la altura extra les servía para caminar elevados unos 5 centímetros sobre los desperdicios que, en la época, cubrían los empedrados de las calles.

ESTE LIBRO TE AYUDARÁ A EMPEZAR

Este libro está pensado para ser tu guía personal de estilismo. Aprenderás a organizar un vestuario, a administrar un presupuesto, a mantener tu armario, a evitar errores de estilismo y a salvar obstáculos de presupuesto. Descubrirás los cortes, los estilos y las formas que más favorecen a tu cuerpo, y encontrarás trucos, consejos y herramientas profesionales.

A medida que vayas avanzando en tu trabajo con esta guía, es posible que empieces a notar cierta evolución en cuanto a tu estilo. Comenzarás a experimentar con colores (¡y hasta llevar en un atuendo negros y marrones juntos!) y tendencias con los que antes nunca te habrías atrevido ¡y posiblemente te gustarán los resultados!

Cuando emprendas tu vida como estilista, prueba nuevos *look*s en lugares y momentos que no sean cruciales, como en la fiesta del pijama de una amiga o una noche de cine, y mantente fiel a tus atuendos ya probados y contrastados para cosas como, por ejemplo, las fotos de fin de curso escolar. Y recuerda ¡pásatelo bien!

Acción Fashion
Crea un tablón de estado

Un tablón de estado —también conocido como tablón de inspiración o tablón de tendencias— es en realidad una pizarra en blanco (o, en este caso, probablemente un corcho de pared vacío) en la que podrás descubrir, de un modo muy abstracto, cómo hace que te sientas un *look* concreto. Diseñadores y estilistas utilizan tablones de estado para encontrar inspiración de cara a una colección, o incluso para dar con la imagen adecuada para un gran evento.

QUÉ NECESITARÁS
- Revistas
- Retales de tela
- Fotos
- Imágenes de pasarela
- Bolígrafos/rotuladores de colores
- Tijeras
- Papel celo, pegamento o chinchetas
- Algún soporte en que puedas pegar todo cuanto te produce inspiración: un corcho, una cartulina, una pared o una hoja grande de papel

QUÉ DEBES INCLUIR
¡Cualquier cosa que te inspire! Algunas ideas para empezar pueden ser:

- Un dicho o una frase que te guste
- Recortes de revistas
- Imágenes de pasarela
- Ideas de blogs de moda
- Retales de tela o muestras de color

El tablón en cuestión ha de ser más metafórico que literal. El hecho de que pongas una foto de un caballo en el tablón no significa que tu *look* vaya a incluir sillas de montar o que necesariamente vaya a inclinarse hacia la ropa de estilo *cowboy*. El caballo puede representar libertad, fuerza o incluso simplemente estar ahí por los tonos crema, marrón y sepia que deseas incluir en tu *look* final.

CÓMO HACERLO
Tu tablón de estado debe desatar tu creatividad y proporcionarte nuevos puntos de inspiración. No tiene que ser perfecto, sino que tiene que encajar con tu personalidad y con tu estilo. No te preocupes demasiado porque al final te quede todo limpio y organizado.

CÓMO UTILIZARLO
Diviértete con tu tablón de estado y date la oportunidad de añadir cualquier otro elemento de moda que te llame la atención. Podrás utilizarlo para perfeccionar una paleta de colores, para escoger texturas o incluso la época en que se inspira tu *look*.

CONSEJO
Si deseas añadir algo sobre la marcha a tu tablón de estado o llevarlo contigo a todas partes, existen aplicaciones informáticas para crear tablones de estado en *tablets* y *smartphones*. Además, sitios *online* como Polyvore.com permiten a los usuarios crear sus propios tablones virtuales de estado.

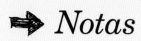 *Notas*

CAPÍTULO 2

Encuentra tu estilo

Tu personalidad en moda es clave para saber cuánto tiempo estás dispuesta a invertir en crear tu estilo. Por ejemplo, algunas chicas simplemente no se sienten cómodas si su esmalte de uñas no combina con la ropa que llevan, mientras que otras no perderían un segundo ni tan siquiera en pensar en ello. Ninguna de las dos posturas es incorrecta; cada una de ellas es el reflejo de una personalidad diferente.

Es posible que la razón por la que tú no te paras a analizar los colores de esmaltes de uñas es que estás demasiado ocupada con un trabajo a tiempo parcial o con tu equipo de fútbol. Sin embargo, es importante descubrir cuál es tu personalidad en materia de moda, ya que ello puede ayudarte a elegir *looks* acordes con tu forma de vida —pues son dos cosas que van de la mano—. Y si no estás segura de cómo es tu personalidad en cuanto a moda, completa el cuestionario que te proponemos a continuación ¡y descubre qué planteamiento se ajusta mejor a tu estilo de vida!

TEST: ¿CUÁL ES TU PERSONALIDAD PARA LA MODA?

1. Un típico día de clase:
    A. Te despiertas con apenas cinco minutos de tiempo para ponerte la primera prenda sin manchas que encuentras.
    B. Te levantas de la cama con tiempo suficiente para probarte varios modelos y ver cuál te queda mejor.
    C. Destinas un tiempo por la mañana a conocer la previsión meteorológica, basas tus opciones de vestir en ella y te pones una capa de esmalte de uñas a juego con tus zapatos.

2. Cuando necesitas un vestido de fiesta:
    A. Dejas que tu madre o tu hermana mayor elija algo, pues ellas tienen siempre buen gusto.
    B. Sales de compras con un grupo de amigas y pasas un día divertido buscando un bonito vestido.
    C. Analizas *look*s de alfombra roja, dibujas tu propio diseño y contratas a una modista para que cree para ti un modelo único.

3. En general, te pones un par de vaqueros:
    A. Casi a diario, pues son cómodos y resistentes.
    B. Dos o tres veces a la semana, con diferentes partes superiores.
    C. Casi nunca. Si no están en las pasarelas, no son para ti.

4. Cuando vas a hacer deporte, sueles ponerte:
   A. Algo suelto y que transpire.
   B. Una de las cuatro o cinco prendas clave que muestran los resultados del entrenamiento.
   C. Algo de un armario lleno hasta arriba de prendas sueltas de algodón y licra de distintos colores.

5. Tu mayor preocupación en materia de moda es:
   A. No tienes tiempo suficiente para arreglarte como te gustaría.
   B. Te gusta cómo vistes, pero te encantaría dar a tu estilo un toque más atractivo.
   C. No estás segura de si tu armario debería estar ordenado por colores u organizado alfabéticamente según el diseñador

CONCLUSIÓN:

Mayoría de respuestas A: no te interesa mucho

Para ti, la pregunta «¿Qué me pongo?» es casi tan emocionante como ir al dentista. Pero no debes pensar en el acto de vestirte como en una rutinaria pérdida de tiempo. Intenta tener unos cuantos conjuntos en tu armario. No la aburrida falda plisada y el jersey tipo uniforme; simplemente tres o cuatro conjuntos que adores. Asegúrate de que las prendas son de colores sólidos y lo suficientemente informales como para llevarlas a diario. (Por ejemplo, un buen par de vaqueros y un top negro con un bonito corte puede componer uno de tus conjuntos.)

Estos son los *look*s que harán que te sientas bien cada vez que los lleves y lo más probable es que te gusten estas prendas, porque el corte y el estilo realmente encajan con tu tipo corporal. De ahora en adelante incluye estos conjuntos en tu vestuario. No hay nada de qué avergonzarse por tener unos cuantos conjuntos preparados y que te resulte muy fácil sacar del armario —especialmente cuando has apagado ya varias veces la alarma del despertador—.

Mayoría de respuestas B: estilosa

Te pruebas y escoges el atuendo adecuado para la ocasión, pero no te detienes mucho en los detalles. Esto es estupendo, pero la moda debe ser también atractiva, emocionante. Tu objetivo debe ser trabajar tu estilo personal cada día. Céntrate en unos cuantos artículos interesantes (por el color, porque llaman la atención, o porque son únicos) que te queden bien y que realmente destaquen. Llamaremos a estos artículos tus prendas destacadas. Prueba e incluye al menos una prenda destacada en tu vestuario todos los días.

No pasa nada si incorporas a tu armario la prenda más a la última. Lo que importa es que añadas esa espectacular pulsera artesanal de abalorios que compraste en el mercadillo a tu *look* de pantalones pitillo y cárdigan *vintage* de todos los días. No hay duda de que eres una chica a la que le gusta lo que lleva puesto. Sal a la calle orgullosa de tu estilo y brillarás con luz propia.

Mayoría de respuestas C: amante de la moda

Tienes un sexto sentido para crear *look*s. Es algo instintivo, y dar con el accesorio perfecto es para ti tan necesario como respirar. Pero existe un gran secreto en moda: la perfección es simplemente imposible. Y aunque lo organices todo hasta el último detalle, probablemente esto sea lo menos *fashion* que puedes hacer. Lo que conseguirás con tan esmerada atención es «pasarte» de moda. Así que deja espacio para un poco de creatividad inesperada, improvisación. Procura no perseguir implacablemente las prendas más de moda y novedosas y piénsatelo dos veces antes de comprar algo que de momento crees que debes tener. En lugar de ello, trabaja en la creación de una colección distintiva —de piezas clave que incorporarás a tu vestuario diario—. De esta manera no solo elegirás más rápidamente (y de forma más divertida) la ropa que vayas a ponerte, sino que además empezarás a sentirte atraída por estilos que realmente te quedan bien (a ti, no a tus *celebrities* favoritas).

Sea cual sea tu personalidad para la moda, recuerda que se trata de algo que tiene que ver solo contigo. En materia de moda puedes vestir como cualquiera que se te ocurra. Sin embargo, es importante saber qué imagen quieres dar de ti misma y cuánto tiempo y cuántas energías quieres dedicar a tu imagen.

ENCUENTRA INSPIRACIÓN

Ahora que sabes cuál es tu personalidad en materia de moda y qué es lo que mejor se adapta a tu estilo de vida, el siguiente paso consiste en encontrar inspiración y nuevas ideas. No te preocupes, no tienes que buscar muy lejos. Puedes encontrar inspiración prácticamente en cualquier sitio, desde un campo de juego hasta un club de teatro pasando por una noche en el cine. He aquí algunos otros lugares del «mundo real» en los que puedes hallar inspiración.

1. Cafeterías

Observar a la gente permite descubrir una amplia variedad de atuendos y, en este sentido, es difícil encontrar un lugar mejor para mirar a la gente que una cafetería. Se trata de locales especialmente útiles precisamente por su carácter informal; la mayoría de los clientes habituales llevan su ropa del día a día, lo cual puede proporcionarte un montón de inspiración para tu vestuario diario.

No pases por alto: el estilo del camarero. Estos empleados a menudo son el reflejo de la imagen y del aire general del local.

2. Partidos de fútbol

¿Sorprendida? Pues es cierto: cualquier ambiente en el que haya gente con espíritu estudiantil o de equipo es un lugar excelente para ver interpretaciones únicas de moda diaria —especialmente en lo relacionado con el uso de colores—. Muchos fashionistas se quedan atascados en el negro de la cabeza a los pies. Si buscas algo que vaya más allá de los jerséis estándar, las fans de los deportes son dignas de tener en cuenta, pues a menudo llevan creativas combinaciones de colores vivos.

No pases por alto: el estilo de los reporteros deportivos en el campo de juego. Esta gente sabe cómo vestirse con estilo haga el tiempo que haga.

3. Galerías de arte

Es difícil encontrar un edificio con tanta creatividad como una galería de arte. Paseando por su interior, el público puede ofrecerte nuevas perspectivas sobre formas, colores y texturas.

No pases por alto: eventos especiales de la galería, como recepciones para la presentación de nuevas exposiciones o veladas con el artista, para tener una visión de la inspiración que alimenta toda obra de arte.

4. La biblioteca

Muchos diseñadores y estilistas estudian las revistas con objeto de inspirarse para crear nuevos estilos. Sin embargo, comprar revistas todos los meses puede resultar caro y hay que tener en cuenta que hay ediciones antiguas disponibles *online*. Afortunadamente para todas nosotras, la mayoría de las bibliotecas públicas cuentan con una considerable colección de publicaciones actuales y pasadas, que puedes hojear en busca de nuevas ideas de estilismo.

No pases por alto: la sección de libros de historia, donde podrás contemplar dibujos de iconos de la moda del pasado, como María Antonieta y Cleopatra.

5. Barrios nuevos

Cuando se vive en un mismo barrio durante mucho tiempo, se acaba vistiendo según el estilo que se ve a diario. Sal de tu burbuja y pasea por un barrio de tu ciudad que sea completamente nuevo para ti o que tenga un ambiente totalmente distinto. Si vives en las afueras, pasa un día mirando escaparates en el centro y tómate un café. Y si vives en un barrio relajado, de ambiente bohemio, date una vuelta por el centro financiero de la ciudad para asomarte a la vida de los ejecutivos y ejecutivas.

No pases por alto: sentarte a comer algo en ese nuevo barrio; es una manera fácil y sencilla de estudiar la moda local.

¿NECESITAS MÁS INSPIRACIÓN?

Si necesitas aún más inspiración, prueba con las nuevas tecnologías. Sin tener que salir de casa, puedes echar un vistazo a páginas web y blogs de moda, o incluso utilizar tu *smartphone* para buscar nuevas tendencias en todo el mundo.

1. The Sartorialist (TheSartorialist.com)

Scott Schuman inmortaliza a gente corriente pero estilosa para su blog. El famoso bloguero pasea por las calles de Manhattan, Milán o de cualquier otra ciudad para fotografiar a gente *cool* vestida con ropa *cool*. No son imágenes de famosas vestidas de arriba abajo con ropa de diseñador, sino hombres y mujeres que derrochan seguridad y muestran un estilo personal y peculiar. El blog de Scott lo llevó a trabajar para la revista de moda masculina *GQ*, donde podrás ver cómo sus instantáneas cotidianas tienen también su impacto en la elite de la moda.

No pases por alto: los comentarios de los seguidores del blog Sartorialist, pues no es nada insólito que las imágenes diarias de Scott Schuman generen la publicación de páginas y páginas de comentarios. El análisis de estos comentarios es una excelente manera de entender aquello que realmente llama la atención de un atuendo.

2. Style (Style.com)

Es una de las mejores páginas web sobre todo lo relacionado con la pasarela, pero además presenta reportajes sobre tendencias, noticias de moda y foros interactivos de debate sobre moda. Para una experiencia aún más inmediata, dirígete a la sección de vídeos de la página, donde podrás seleccionar pasarelas de todo el mundo, así como entrevistas con diseñadores y modelos.

No pases por alto: los archivos de imágenes de pasarela ordenadas por diseñador. Es un lugar excelente para hacerse una idea de cómo ha evolucionado la estética de un diseñador a través de los años.

3. Garance Doré (GaranceDore.fr/en)

Nombrada una de las «40 Mujeres de la Década» en la página web del *Vogue* francés, junto con Lady Gaga y Angelina Jolie, Garance Doré es bloguera de moda de calle (*street-style*) y actualmente pareja sentimental de Scott Schuman, el Sartorialist. Utiliza una mezcla de fotografía de retrato, ilustraciones y reportajes para ofrecer de primera mano las reflexiones de una experta en moda femenina.

No pases por alto: la versión en lengua francesa del blog, GaranceDore.fr. Practicarás el idioma y, después de todo, ¡París es la capital mundial de la moda! (aunque Los Ángeles, Milán y Nueva York podrían no estar de acuerdo con esta afirmación).

4. Polyvore (Polyvore.com)

Piensa en esta web como en tu collage personal de moda. ¿Quieres saber si un par de sandalias de tiras estilo gladiador, tus *shorts* de explorador y tu blusa de cachemire de hombros descubiertos combinan bien? Coloca las imágenes de las prendas juntas en tu tablero en blanco para crear lo que Polyvore llama *set* o conjunto.

No pases por alto: si deseas probar tu *look* virtual en el mundo real, solo tienes que hacer click sobre el artículo correspondiente de tu *collage* y Polyvore te llevará al sitio web donde se vende.

5. Pose (aplicación para móvil)

Esta aplicación de *smartphone* permite contemplar el estilo de otros usuarios, que publican imágenes de sus prendas, zapatos o accesorios favoritos. Sigue a los usuarios con un estilo que admires, o revisa la sección de usuarios destacados de Pose si buscas inspiración de moda diaria.

No pases por alto: publicar tus propios *looks* y recibir los comentarios de usuarios de todo el mundo (que tendrán así la posibilidad de «amar» tu estilo).

LA VERDAD SOBRE DIFERENTES ESTILOS

La inspiración te permite ver con el pensamiento más allá de ti misma y crear *looks* a los que de otra manera nunca llegarías. Es posible que te identifiques con un tipo determinado de estilo de moda o bien con la superposición de varios tipos diferentes. La siguiente lista no es exhaustiva, pero incluye algunos de los estilos de moda más populares, cada uno de ellos con numerosas opciones de vestuario. ¿En cuál de estas categorías te ves más reflejada?

Chica Glam

(Cuando la única diferencia entre un miércoles y una fiesta con baile es un adorno floral)

Los modelos clásicos y con clase —del tipo de los que lucían las estrellas de cine de los años 40 y 50 como Marilyn Monroe y Marlene Dietrich— ocupan la primera línea en el armario de la chica Glam. El modelo definitivo de una Glam es un vestido que atrae todas las miradas, pero uno de los mayores errores en relación con este estilo es pensar que comienza y termina con el vestido. De hecho, existen multitud de alternativas elegantes, como accesorios de seda, blusas de lunares de estilo retro, pantalones sastre de cintura alta, chales, chaquetas de punto con algún adorno y faldas tubo. Sea cual sea la prenda que elijas de tu vestuario, presta especial atención a la caída y al aspecto de la ropa. Si es necesario planchar o aplicar vapor a un vestido arrugado, tómate tu tiempo y hazlo. No puedes salir a la calle con aspecto desaliñado, como haría una chica Grunge.

Cómo conseguir que funcione. Un diamante puede ser el mejor amigo de una chica Glam, pero una buena imitación de esta preciosa piedra puede quedar igual de bien por mucho menos. Realza tu *look* con un diamante de imitación montado en un broche, una enorme sortija de cóctel (falsa, por supuesto) y pendientes largos. Si se trata de un evento de noche, unos guantes de satén largos o un fajín ancho de estilo japonés son accesorios que siempre quedan bien. Pero, si es de día, podrás resplandecer también con un cárdigan con lentejuelas, una pashmina bordada, un chaleco con algún brillo y zapatos de cuña en lugar a tacones altos de aguja.

Consejos para una chica Glam. Con alguna variación, el glamour puede funcionar prácticamente en cualquier ambiente. Cuando vayas a la playa, deja que tu biquini de cintura alta se entrevea a través de un pareo semitransparente decorado con cuentas. En el *brunch* con tus amigos preséntate con un favorecedor vestido cruzado de algodón y combínalo con unas atractivas bailarinas. Crea una formidable colección de pantalones glamurosos, que incluya pantalones de cintura alta y de pierna ancha. La silueta resultante siempre es apropiada y, además, este estilo ayuda a que las piernas parezcan más largas.

Para sacar adelante ese *look* de cintura alta, mantén la cinturilla del pantalón a la altura del ombligo y escoge un modelo de pantalón con raya y «pata de elefante» que caiga desde la cadera.

Atención al tipo corporal. El *look* de chica Glam no conoce límites en lo que a tipos corporales se refiere. (Para saber más sobre tipos corporales, véase Capítulo 4). Sin embargo, dado que los vestidos son una parte primordial del vestuario en este estilo de moda, presta atención a los modelos que más te favorecen en función de tu tipo corporal. Si quieres acentuar la parte superior de tu cuerpo, pruébate un vestido sin tirantes o con los hombros al descubierto. Del mismo modo, si hay partes de tu cuerpo que no deseas realzar, opta por modelos que las cubran de forma favorecedora.

Como ocurre con cualquier otro estilo, uno de los requisitos imprescindibles es que la prenda se adapte bien a tu figura. No pienses siquiera en salir de casa con algo que te resulta asfixiante. Si no soportas la idea de tener que renunciar a una prenda, aun viendo que te queda mal, mira si una modista, por un precio razonable, puede sacarte un poco las costuras (para dejarte respirar) o meterte un poco el ancho (si te queda demasiado grande).

Otras chicas Glam famosas

Christina Hendricks

Zoë Saldana

Jennifer Lopez

Anne Hathaway

Victoria Beckam

Chanel Iman

Un buen ejemplo: Blake Lively
Ha sido portada de distintos números de la revista *Vogue,* es amiga de muchos de los nombres más conocidos del mundo del diseño de moda y asistió ataviada con un vestido de Versace a la Gala del Costume Institute del Metropolitan Museum of Art (uno de los eventos más glamurosos del año en el ámbito de la moda). Pero cuando Anna Wintour, editora del la revista *Vogue,* presentó a Blake Lively al diseñador Karl Lagerfeld con ocasión de una semana de la moda de alta costura, las cosas pasaron a mayores. La animadora de instituto y más tarde actriz de la serie de culto estadounidense *Gossip Girl* pasó pronto a formar parte del círculo de íntimos y a ser la embajadora de la firma Lagerfeld de Chanel. Además de asistir como invitada las fiestas más destacadas, su papel de embajadora la llevó también a ser el rostro de la campaña publicitaria del bolso *Mademoiselle* de Chanel —y no hay nada más glamuroso que eso—.

Socialité
(Para la chica que piensa que la ropa de playa es una necesidad durante todo el año)

La chica Socialité es algo así como la prima lejana de la chica Glam. Ambas tienden a arreglarse más que las mujeres con otros estilos de vestir, pero la verdadera diferencia estriba en que el estilo de moda de la chica Socialité incluye una serie de prendas informales a la vez que elegantes, como un vestido estilo griego con cinturón, pantalones tipo sastre de pierna ancha, zapatos con suela de goma y un práctico vestidito camisero que vale tanto para viajar en yate o jet como para acudir a una merienda sofisticada. No dejes que tu cuenta corriente te disuada de probar el estilo de la chica Socialité; realmente se trata más de una cuestión de confianza que de dinero. Las Socialités acuden a numerosas fiestas, aparecen fotografiadas en la prensa local y son anfitrionas en una lista interminable de eventos solidarios, de modo que tienen que estar siempre a la última. La clave de su *look:* llevar la cabeza bien alta, creérselo y, por supuesto, sonreír.

. . . .

Cómo conseguir que funcione. A lo largo de la historia ha habido grandes parejas: Romeo y Julieta, el dúo musical Sonny and Cher y la pareja cinematográfica integrada por Bella Swan y Edward Cullen, aunque la chica Socialité y su bolso deberían también figurar en esta lista. El bolso es el accesorio número uno para completar este *look*, ya sea de correa larga tipo *satchel*, un bolso grande o *tate*, o una cartera o *clutch*. Evita los bolsos que parezcan anuncios publicitarios, con logos estampados en cada centímetro cuadrado, y opta en su lugar por modelos más discretos.

A la hora de elegir otros accesorios, asegúrate de que la pieza en cuestión sea digna de atención, pero apropiada para una estética minimalista, de manera que, por favor, nada de hebillas con el nombre del diseñador bien llamativo. En cuanto a faldas y vestidos, prueba a ponértelos con unos pantis opacos (en colores como gris, negro o moca) y botines. Y toda Socialité que se precie sabe que no puede salir de casa sin sus gafas de sol. Pero, una vez más, sea cual sea el estilo que elijas, opta por un par sin colosales logos en el lateral.

Consejos para una chica Socialité. No tienes que esperar a asistir al Baile de Debutantes del Hotel Crillón de París (reunión anual de un selecto grupo de chicas de la alta sociedad internacional) para vestir como una Socialité. Aunque un presupuesto de alta costura no es algo a rechazar, un *look* excelente no tiene por qué ser caro. El estilo Socialité puede conseguirse con cualquier presupuesto. Las tiendas de ropa de segunda mano pueden ser un lugar excelente para hacerse con pantalones de sastre, *blazers* y blusas. Pueden conseguirse prendas de firma a un precio muy inferior al de origen y seguramente podrás pedir prestado a alguien de tu familia accesorios de talla única, como bolsos, cinturones y piezas de bisutería.

Atención al tipo corporal. La imagen de la Socialité es elegante y equilibrada, de modo que es importante que las prendas le sienten bien. Para lograr este estilo de moda, no puedes salir con nada que sea demasiado grande o demasiado pequeño. (Para más información sobre cómo vestirte según tu tipo corporal, consulta el Capítulo 4). Ponte unos pantalones que no se arruguen ni se tensen en la parte delantera de los muslos (un signo de que necesitas una talla más) y evita cualquier vestido que requiera más de una persona para poder subir la cremallera (uno de los numerosos signos de que la prenda no te queda bien).

Otras chicas Socialite famosas

Tatiana Santo Domingo
Nicky Hilton
Olivia Palermo
Lily Collins

Un buen ejemplo: Kate Middleton
Kate Middleton, duquesa de Cambridge, pertenece a lo más alto de la jerarquía en relación con el estilo de chica Socialité. Su elegancia informal salta a la vista, tanto si se encuentra en un campo de polo, como viendo un partido de tenis en Wimbledon o asistiendo a un encuentro con presidentes, primeros ministros o cualquier otro acontecimiento de palacio. Quizá la demostración definitiva de estilo tuvo lugar el día de su boda. Con la asistencia estimada de 8.500 periodistas desplazados a Londres para cubrir su boda con el príncipe Guillermo (y millones de personas viendo el acontecimiento por televisión), Kate Middleton caminó por el pasillo hacia el altar en la Abadía de Westminster luciendo un vestido de Alexander McQueen —con una cola de casi tres metros— adornado con encajes y tul de seda marfil. Para la fiesta posterior a la boda, Kate se enfundó en otro modelo de McQueen, esta vez un vestido de fiesta de satén blanco, con escote corazón y detalle de pedrería en la cintura y un acogedor bolero para protegerse del frío en el desapacible Londres.

Chica Tomboy
(Para chicas a las que les gusta ponerse corbata de vez en cuando)

El estilo Tomboy puede parecer andrógino —cuando te pones un par de vaqueros y una camiseta, sin más—, pero en otros momentos simplemente hace propios iconos del modo de vestir masculino, como son una pajarita, una americana o incluso unos gemelos. No es en absoluto un estilo nuevo. Marlene Dietrich llevaba esmoquin ya en los años 20 y, en 1966, el diseñador Yves Saint Laurent creó la célebre versión de *tuxedo* para mujer, «Le Smoking».

Cómo conseguir que funcione. En lo referente al estilo Tomboy, existen una amplia variedad de opciones, aunque en materia de colores quédate con tonos de azul, negro, gris, rojo y neutros, en lugar de los tonos pastel, tradicionalmente más femeninos. Una buena ocasión para probar este *look* puede ser algún acontecimiento formal, donde puedas dejar a un lado el vestido y optar por unos pantalones *cool,* complementados con una pajarita y un reloj extragrande. Si tienes que llevar bolso, reduce su tamaño y opta por un *clutch*, es decir una cartera de mano o bolso miniatura. Si llevas siempre muchas cosas, recurre al estilo de cartera con solapa o *flap clutch*, que parece pequeña, pero que tiene cabida para más cosas de las que te imaginas —están hechas de un material plegado pero, al abrirse, ofrecen el doble de espacio—. En cuanto a los pantalones, opta por unos de corte esmoquin estrechos, con ribete a tono (puede ser una tira de raso negro sobre la tela de lana negra), que se asienten en la cintura. Para un evento elegante, una camisa (de manga corta o larga) con cuello con pie y gemelos puede quedar muy bien con los pantalones estilo esmoquin.

Consejos para una chica Tomboy. El armario de tu hermano, de tu padre o de algún tío es el terreno perfecto para la chica Tomboy. Para empezar, pruébate artículos de talla única, como corbatas y sombreros de fieltro, y después ponte una camisa de hombre ceñida en la cintura con algún cinturón y combínala con unos *leggings*. Cuando vayas de compras para añadir nuevas prendas de estilo Tomboy a tu vestuario, opta por modelos que denoten influencia masculina, pero que se ajusten a las formas femeninas, algo que puede conseguirse con cortes a medida y ajustados. Los vaqueros, que probablemente no podrás pedir prestados ni a tu hermano ni a tu padre, deben quedarte a la altura de tu cintura natural (no valen aquí los estilos bajos, asentados en la cadera) y han de dejar espacio holgado para los muslos. Cuando elijas unos vaqueros, busca modelos con detalles desgastados, como partes más claras (para conferirles un aire entrañable), y con pespuntes sencillos en los bolsillos posteriores (olvídate de todo tipo de pedrería). Los tacones están prohibidos en el estilo Tomboy, pero puedes utilizar modelos de calzado más naturales, como por ejemplo botines (de piel verdadera o falsa) o unos zapatos clásicos de estilo mocasín, con costuras a la vista y suela de goma.

Atención al tipo corporal. El sempiterno atuendo de vaqueros y camiseta es perfecto para cualquier tipo corporal, pero ten cuidado y respeta tus formas cuando te vistas. No a todo el mundo le queda bien tanta tela. Y dado que los pantalones son la prenda clave de este *look*, las chicas altas y menudas deben prestar especial atención a la longitud de sus pantalones. (Véase Capítulo 4 para saber más sobre cómo vestirte según tu tipo corporal). Existen numerosos establecimientos que ofrecen servicios sencillos de arreglo de prendas, como acortar pantalones o bajar dobladillos para proporcionar algún centímetro más de largo.

Otras chicas Tomboy famosas

Diane Keaton
Ellen Page
Kristen Stewart
Samantha Ronson
Patti Smith
Ellen Degeners

Un buen ejemplo: Agyness Deyn
No es solo su pelo corto color platino (que ha llegado a raparse por completo) lo que ha convertido a Agyness Deyn en un icono de la moda. Famosa por proyectar un estiloso aire masculino incluso cuando no está desfilando en la pasarela, la supermodelo bautizada por *Vogue* como la «Tomboy británica» ha posado como modelo con trajes pantalón de tres piezas y acudió con traje pantalón negro sin cruzar a un gran estreno cinematográfico en Hollywood. Su carrera como modelo ha aprovechado también este *look* andrógino. Ha sido el rostro de las campañas publicitarias de Dr. Martens, la marca británica de calzado favorita de las chicas Tomboy, y la revista *i-D* le dedicó todo un número de su publicación —la primera vez que hacía algo así en sus casi 30 años de historia—.

Los años 30

La moda a través de las décadas

La Gran Depresión, que se originó en Estados Unidos tras la caída de los mercados de 1929, trajo consigo notables cambios en el terreno de la moda. Y el estilo Tomboy fue quizá el símbolo fundamental de esos cambios en la forma de vestir. Katharine Hepburn, Marlene Dietrich y la pionera de la aviación Amelia Earhart encabezaron el novedoso estilo. Pero quizá la más icónica fue esta última, fotografiada a menudo con su característico *look* masculino: chaqueta de cuero, pantalones sastre y pañuelo de seda anudado al cuello. La aviadora creó su propia colección de moda, con prendas económicas confeccionadas con telas prácticas y cómodas.

Chica Preppy
(Para la perfecta niña bien)

No tienes que llamarte Chip, Muffy o Buffy para apreciar el estilo Preppy, el *look* «pijo» anglosajón. Cualquiera puede atreverse con este *look* típico de «niña bien» estudiante en un colegio o universidad de élite de Estados Unidos, siempre que te sientas cómoda con este tipo de modelos, recatados y conservadores (polos, perlas, lunares, pantalones y *blazers*), que quedan bien para partidos de croquet, regatas, carreras de caballos y un fin de semana en algún lugar exclusivo, como los Hamptons, que acogen a la élite neoyorquina.

Cómo conseguir que funcione. Abróchate el cuello de la blusa y piensa en «reuniones con ropa informal en algún lugar de playa» para conseguir este *look*. Los colores clave son el rosa chicle, el verde menta, el amarillo canario y el turquesa tropical. En los meses de invierno (o en un día en el mar) ponte unos zapatos planos de punta redondeada y suela de goma tipo náuticos y todos los complementos. Y recuerda, en el auténtico estilo Preppy la piel no está de moda. Tendrás que armarte de recato y pudor y ponerte faldas y vestidos por debajo de la rodilla, pantalones de cintura alta e incluso *blazers*. Y recuerda, las abuelas aprueban casi todo lo que viste una auténtica chica Preppy.

Consejos para una chica Preppy. Graciosos vestidos de flores de color turquesa, amarillo y fucsia —colores y estilo que puso de moda Lilly Pulitzer—. En los años 60, antes de ser conocida como diseñadora, abrió un puesto de zumos recién exprimidos y decidió que necesitaba tonos luminosos en su vestuario para disimular las salpicaduras de fruta. Estos vestidos alegres se hicieron tan populares entre sus clientes que empezó a venderlos. Busca en las tiendas o adquiere artículos a partir de catálogos de moda, que son excelentes para comprar clásicos *preppy*, como un bolso grande tipo *tote* con tus iniciales estampadas en un monograma. La tienda de artesanía más cercana también puede servirte para conectar con esa Martha Stewart (toda una autoridad en la materia) que llevas dentro; hazte con género y material para crear tus propios cinturones de *grosgrain* y tus diademas de tela.

Atención al tipo corporal. Como ocurre con cualquier *look*, el hecho de que todas las prendas te queden bien es parte esencial del estilo Preppy. Las chicas con bastante pecho pueden probar faldas con detalles delicados en dobladillo, como adornos de cuentas o una cinta, para restar protagonismo a la parte superior (más datos sobre cómo compensar las formas corporales en el Capítulo 4). Las chicas con una silueta más recta y rectangular (con poca diferencia entre las medidas de pecho, cintura y cadera) pueden probar conjuntos de pantalones pitillo y polo ajustado, con zapato plano de suela de goma. Pero el «estilo polo» no es aplicable solo a las prendas superiores: también hay vestidos-polo, que se complementan con detalles en el cuello y en la tapilla de los botones. Simplemente elige un estilo que no sea demasiado ceñido en las caderas y en área del vientre. Para ocasiones más formales, en las que se precise un *blazer* (como un día en el club de campo), busca en tiendas de ropa de segunda mano un modelo tipo uniforme de colegiala, en tela azul marino o escocesa. Estas chaquetas clásicas (generalmente de mezcla de algodón) permiten en general un estilo más ligero que la tradicional chaqueta de traje de oficina y resultan más cómodas. Comprueba que te quede bien de sisa (no demasiado estrecha ni demasiado ancha) y que la longitud de mangas sea la adecuada (hasta la muñeca o justo por debajo, o bien justo por encima del codo).

Otras chicas
Preppy famosas

Elle Fanning
Hailee Steinfeld
Emma Watson
Kate Beckinsale
Julia Stiles

Un buen ejemplo: Natalie Portman
Puede que la conozcas como la reina Amidala de las precuelas de *Star Wars* o como Nina, la bailarina esquizofrénica de *Cisne Negro,* pero la actriz Natalie Portman, ganadora de un Óscar a la mejor actriz en 2010, goza también de importantes credenciales como chica Preppy. Después de acabar el bachillerato con sobresalientes, estudió Neurociencias en la Universidad de Harvard (un imperecedero caldo de cultivo de chicas Preppy). A diferencia de otras jóvenes estrellas de Hollywood que tienden a enseñar mucha carne, el estilo diario de Natalie Portman tiende mucho a los vaqueros y a las cazadoras —pero no por ello deja de ponerse un traje de Rodarte o de Lanvin— (dos diseñadores aceptados por las chicas Preppy) para lucirse ocasionalmente en la alfombra roja. Sin embargo, el hecho de que su forma de vestir sea más conservadora que la de otras jóvenes actrices no significa que tenga un estilo deslucido. Quién más, si no, habría llevado a la casa Dior a crear, especialmente para ella, zapatos de tacón «veganos», es decir, fabricados sin sacrificar vidas animales, de manera que la joven pudiera vestir la firma sin renunciar a sus principios.

Hipster
(Si crees que no lo eres, entonces probablemente lo seas)

¿Se puede ir más a la moda? El *American Heritage Dictionary,* en diccionario más popular en Estados Unidos, viene a definir el término *hipster* como aquella persona especialmente interesada en las últimas tendencias y gustos. Y aunque el editor del *The New York Times,* Philip B. Corbett, pidió que se diera un poco de tregua al término, realmente no parece que esto vaya a ocurrir en un futuro próximo. No existe otra palabra que englobe exactamente este estilo, en esencia ecléctico, pero lo suficientemente definido como para que cualquiera sepa cómo es.

Cómo conseguir que funcione. No tienes que ser vegetariana, mensajera en bicicleta ni bloguera de moda para sacar tu vena *hipster*, pero tienes que tener suficiente estilo como para poder compartir con esta gente un terreno muy *cool*. Los elementos que mejor definen el estilo *hipster* son prendas sencillas como unos vaqueros pitillo, gafas de sol *wayfarer*, camisas masculinas y chaquetas de cuero. Lo realmente divertido son los accesorios: bolsos *vintage*, bolsas tipo mensajero y extensiones de plumas o hilos de brillo prendidos en el pelo. Para estar realmente en la onda *hipster*, tienes además que rezumar personalidad *hipster*. Cuando salgas con unas gafas de sol ochenteras, una cazadora de piel de los días de *grupie* de tu madre y cualquier blusa del armario de tu abuela (oh, tan *hipster*), tienes que llegar a creerte que tu *look* es tan estiloso como cualquier modelo de alta costura.

Consejos para una chica Hipster. Afortunadamente para tu bolsillo, la ropa de diseño es la antítesis del estilo *hipster*. Recorre las tiendas de segunda mano de tu barrio o ciudad e irás encontrando prendas interesantes. Camisetas con una impresión gráfica de un concierto del pasado o con el logotipo de algún equipo deportivo desaparecido o de un espacio de televisión que dejó de emitirse hace mucho tiempo pueden de repente convertirse de nuevo en prendas sumamente *cool*. Si utilizas gafas, es posible que encuentres en alguna parte un par desechado, de gran tamaño y moldura oscura, que podrás llevar a tu óptico para que les ponga los cristales apropiados para tu vista. Si técnicamente no necesitas llevar gafas, eres afortunado. Un óptico puede sustituir las lentes graduadas por cristales oscuros y tendrás así unas gafas de sol «customizadas». En relación con los bolsos, hazte con una bolsa *vintage* de las que se usaban para ir a la bolera, o con un maletín de médico, un bolso *hobo* extragrande o una bolsa raída tipo mensajero en bicicleta. Solo asegúrate de dejar en casa tu *clutch* más sofisticado. Y en lo referente a joyas, añade al atuendo una pulsera de caucho representativa de tu causa favorita o el nombre impreso de un músico *underground*.

Atención al tipo corporal. Tienes que sentirte muy cómoda luciendo piernas para poder enfundarte en un par de pantalones pitillo (más datos sobre esta cuestión en el Capítulo 4), pero para las chicas que no pretenden presumir de piernas, existen multitud de opciones *hipster*, como un mono suelto, por ejemplo. No se debe subestimar la talla de la camiseta, que ha de ser la perfecta. De hecho, este aspecto era tan importante para las hermanas y actrices estadounidenses Ashley y Mary-Kate Olsen que decidieron crear su propia firma de moda, llamada Elizabeth and James (nombres de los hermanos de las gemelas). Escoge una camiseta que te llegue por debajo de la cinturilla de los pantalones y que no se pegue a la tripa. Si está bien hecha, la camiseta es un básico de toda Hipster, sola o bajo una prenda gruesa de punto.

Otras chicas Hipster famosas

Michelle Williams
M.I.A.
Rachel Bilson
Chloë Sevigny
Zooey Deschanel

Un buen ejemplo: Alexa Chung
Máxima representante británica del estilo *hipster,* Alexa Chung es modelo, actriz, diseñadora ocasional de moda y escritora. Se la conoce como la musa de Karl Lagerfield de Chanel y afirma que el glamour de Hollywood la enferma. Además de su reputación *hipster,* ha rodado una serie de televisión sobre cómo buscar ropa *vintage* en tiendas de segunda mano, mercadillos de barrio y de particulares. Y cuando, en ocasión de la gala de los premios CFDA/Vogue Fashion Fund, no pudo ponerse el traje que tenía previsto lucir sobre la alfombra roja por no estar listo a tiempo, Alexa Chung (que en cualquier caso no cuenta con ningún estilista profesional) hizo lo que haría cualquier chica Hipster: cautivó a la audiencia con un sencillo par de *shorts* negros y camisa blanca. El mundo de la moda se ha fijado en el estilo de la joven británica, que ha sido nombrada mujer mejor vestida del año por *Vogue,* y diversos blogs comentan ya cada uno de sus estilosos modelos.

Deportiva
(Para la futura Lisa Leslie)

Lejos de las mallas de licra y de las cintas para la cabeza estilo años 80, el *look* deportivo moderno puede incluir cualquier cosa, desde una estilosa falda de tenis (a lo Stella McCartney) y una simple camiseta sin mangas hasta calcetines de atletismo por la rodilla con pantalones cortos de correr. La clave está en conseguir el equilibrio entre la auténtica ropa deportiva y las tendencias de la moda.

Cómo conseguir que funcione. No subestimes la importancia del calzado en el estilo deportivo. Deja a un lado los tacones de aguja y las plataformas y lánzate a por lo último en *sneakers*, o zapatillas deportivas de calle, con modelos que tienen en cuenta arte, color y, desde luego, un sentido de la funcionalidad quizá algo antiguo. Para tu objetivo, olvida los bolsos tipo *satchel* o *clutch* y decántate por una versión más reducida de la tradicional bolsa de gimnasio, que te irá bien tanto para comer con las amigas como para ir a clase de baile. Cuida los detalles, como compartimentos con ventilación (tus zapatillas y tus zapatos de tacón no apestarán), bolsillos interiores para el móvil y las llaves y material exterior impermeable (¡el sudor moja!).

Consejos para una chica Deportiva. Si no estás preparada para comprometerte por completo con el *look* deportivo, incorpora inicialmente solo dos o tres prendas, como una sudadera con capucha y cremallera estilo *skater* o un par de pantalones de chándal *vintage* muy *cool*. Si todavía no tienes prendas de tu actividad deportiva favorita, busca en las estanterías de las grandes superficies de venta de artículos de deporte. Suelen ser un buen lugar donde encontrar cosas para ponerte dentro y fuera de las canchas. Busca prendas que se presten a un doble propósito, como una gorra ligera o una cinta para el pelo con estampado reflectante que te ofrezca seguridad cuando corras de noche, pero que te sujete el pelo durante el día. Experimenta con peinados como la cola de caballo o un recogido desaliñado —una necesidad de la chica deportiva para mantener el pelo retirado de la cara—.

Atención al tipo corporal. Una figura corporal musculada no es un requisito imprescindible para llevar un *look* deportivo. Como ocurre con cualquier otro estilo, la clave está en realzar tus mejores rasgos, ya sean tus largas piernas (con pantalón corto de correr), tus marcados bíceps (con una camiseta sin mangas) o tus musculadas pantorrillas (con *leggings* pirata). Ciertas características de la ropa deportiva, como la camiseta sin mangas o los *leggings* de atletismo, difieren ligeramente en cuanto a modelos, que favorecen de distinta manera dependiendo de la figura corporal. Del mismo modo, cuando elijas una camiseta sin mangas (una necesidad para el armario de cualquier chica deportiva), tu talla de pecho determinará si te conviene más un modelo con escasa sujeción o con mega sujeción, y también deberás tener en cuenta detalles como las copas de quita y pon en los modelos de camiseta con sujetador incorporado, o las tiras ajustables. Sea cual sea el modelo que escojas, asegúrate de que tu pecho queda protegido mientras corres, saltas, bailas o brincas. Los modelos de pantalón de inspiración deportiva pueden ser de talle alto, de talle bajo, de pierna ancha o ajustados, siempre y cuando te sientas cómoda con ellos y el tejido (prueba uno que sea un poco elástico) se adapte a todas tus actividades.

Otras chicas deportivas famosas

Michelle Rodríguez
Eliza Dushku
Venus Williams
Jessica Biel
Laila Ali

Un buen ejemplo: *Serena Williams*
En 1919 Suzanne Lenglen ganó Wimbledon con un vestido de manga corta por debajo de la rodilla. Huelga decir que las cosas han cambiado bastante desde entonces. Más de ocho décadas más tarde, la ganadora del Open de Estados Unidos Serena Williams recorrió la cancha enfundada en una ajustada malla entera negra. El desafiante estilo de la tenista la ha llevado a presentar sus diseños a Puma y a vender una línea de moda y joyas en Home Shopping Network (el canal de teletienda estadounidense). Su carrera como tenista ha estado plagada de éxitos, pero ahora parece como si una segunda carrera en el mundo de la moda estuviera esperándola.

Hip-hopera
(Para todos los muestrarios de estilos que andan por ahí)

Como artista de hip-hop, Nicki Minaj dijo: «Nunca debes tener miedo a convertirte en una pieza de arte. Es estimulante». Y el arte es precisamente lo que impulsa el moderno *look* hip-hop. En el pasado el estilo abarcó desde jerséis de tipo deportivo y pantalones anchos y caídos hasta camisetas blancas extragrandes. En la actualidad artistas como Pharrel Williams han apostado por esta moda con sus propias líneas de diseño: Billionaire Boys Club y IceCream, que venden camisetas y sudaderas de alta calidad con impresiones gráficas.

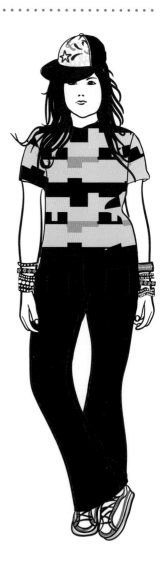

Cómo conseguir que funcione. Piensa en colores vivos y vaqueros de pierna ancha, sin olvidarte, por supuesto, de los zapatos, que son tan importantes que algunas fans del estilo hip-hop incluso se refieren a ellas mismas como *sneakerheads*, por su amor por las deportivas de calle decoradas con creatividad. En cuanto a la ropa de abrigo, cualquier armario «hip-hopero» debe incluir una sudadera con capucha e impresión gráfica, o *hoddie*. Y si puedes encontrar un modelo con agujeros para los pulgares que te ayuden a mantener las mangas bien bajadas y con malla de ventilación para dejar traspasar el calor (mientras bailas *break dance*), considera que te encuentras ante un valor añadido. Otros estilos de hip-hop incluyen casi cualquier cosa que lleve una impresión gráfica en color, mejor si se trata de una camiseta, una gorra o unos zapatos. Por otro lado, artistas de hip-hop ganadores de premios, como el cantante Jay-Z, el compositor de música hip-hop Pharrell Williams y el rapero Kanye West, han sabido dar un aire elegante y personalizado al estilo, luciendo trajes a medida y chalecos de lana (una mezcla de Preppy y Hipster). Pharrell Williams es propietario de las dos mencionadas líneas de ropa, Jay-Z lanzó la popular línea Rocawear, y Kanye West ha presentado una línea de alta costura en la Paris Fashion Week.

Consejos para una chica Hip-hopera: Como dicen las canciones que escriben las estrellas del hip-hop, elige ropa que realmente te favorezca y piensa en ella como en arte que puedes llevar puesto. Y si no puedes permitirte este arte, crea el tuyo propio. Cómprate un par de *sneakers* blancas baratas y piensa en ellas como en un lienzo. Utiliza rotuladores, de los que puedes comprar en una papelería, para *customizar* tus propias zapatillas a un precio muy reducido (de verdad, inténtalo). Los diseños para zapatillas de Amanda Yoakum realizados con trocitos de espejos rotos y las intrincadas escenas pintadas, que la artista tarda alrededor de una semana en crear, han sido expuestos en galerías de arte y publicados en *The New York Times,* y se venden por miles de dólares. Si no estás preparada para caminar con unas *sneakers* pintadas, juega con otras piezas características del estilo hip-hopero, como una camiseta o una gorra con una impresión gráfica muy *cool*. Y no te resistas a probar nuevos colores *denim*, como gris, rojo o incluso azul cobalto. Además, los colores vivos, el pelo abultado y la bisutería llamativa son complementos clave de cualquier armario hip-hopero.

Atención al tipo corporal. El estilo hip-hop funciona con cualquier tipo corporal (más datos sobre figuras concretas en el Capítulo 4), pero presta especial atención a cómo te queden los vaqueros. Atrás quedaron los días de los modelos caídos y de tiro bajo, pero tampoco te vayas al extremo opuesto del espectro y te atrevas con unos pantalones pitillo pegados. Sabrás que has dado con los vaqueros perfectos cuando te estén cómodos en la cintura y no bajen por detrás, dejando a la vista tu ropa interior (compruébalo sentándote en un taburete).

Otras chicas hip-hoperas famosas

Rihanna
Kreayshawn
Missy Elliott
Lil' Klim
Eve

Un buen ejemplo: Nicki Minaj
Para algunos sus modelos son más memorables que su música, lo cual no ha de sorprender cuando se considera que la estrella del hip-hop Nicki Minaj ha caminado por la alfombra roja luciendo un collar con un cucurucho de helado, una mascarilla con estampado de colores y un anguloso modelo creado con fragmentos de espejo. Además, es amante de las impresiones gráficas de colores, del maquillaje Day-Glo y de las pelucas platino. Esta fresca visión de la moda la ha llevado a asistir en primera fila a los principales desfiles de moda (Carolina Herrera y Prabal Gurung, entre otros). Pero la reina del hip-hop también ha querido llegar al gran público con su sentido de la moda: recientemente ha lanzado su propia línea de esmalte de uñas de vivos colores. (¡No se esperaba menos!)

Chica Country
(Para la vida en el campo)

Cuando está en casa, en medio de la naturaleza, la chica Country tiene un vestuario de ropa cómoda pero a la moda, acorde con una vida relajada, lejos de la gran ciudad. Sin embargo, antes de empezar a gastarte dinero en botas y monos, no te olvides de todos los festivales, ferias y fiestas al aire libre a los que tendrás que asistir. La chica Country ideal tiene un vestuario de uso mixto, integrado por prendas sencillas para el campo y prendas más femeninas, de temática floral y animal. ¿No has pasado mucho tiempo viviendo en el campo? En Estados Unidos, a principios del siglo XX, un grupo de más de 20.000 mujeres procedentes de ciudades grandes y pequeñas fueron conducidas a áreas rurales para unirse al Woman's Land Army of America, una organización de mujeres que pasaron a hacerse cargo del trabajo en las granjas cuando los hombres fueron llamados a la guerra. En su mayoría, estas mujeres, conocidas como *farmerettes,* no habían trabajado nunca antes en una granja, pero se remangaron y en poco tiempo estaban arando, conduciendo tractores y sembrando. ¡Y sin dejar de ser atractivas!

Cómo conseguir que funcione. Aunque seas algo reacia a la idea, has de tener telas de flores en tu colección. Pero escoge un estampado floral cada vez, a menos que quieras parecer un ramillete desaliñado. La regla número uno de la chica Country es mantener la sencillez y evitar los accesorios en exceso. Cada vez que añadas más collares, anillos o pulseras, automáticamente empezarás a parecer menos ecológica y natural. Combina materiales clásicos que procedan de la tierra, como son la piel de carnero, la lana, el tejido vaquero y los algodones, en una suave paleta de colores florales.

Consejos para una chica Country. La sencillez del *look* de la chica Country hace que resulte relativamente fácil encontrar la prendas adecuadas. Probablemente ya tendrás en tu armario una chaqueta vaquera, camisetas sencillas con o sin mangas y una o dos prendas con estampado de flores. En tal caso, tu prenda capricho puede ser algo como un buen par de botas de vaquero. Si vas a buscar unas botas, puedes hacerlo en tiendas especializadas en ropa de este estilo, o bien *online*, en lugar de comprar reproducciones de diseñador, que siempre son más caras. Las tiendas *vintage* son también lugares a tener en cuenta.

Atención al tipo corporal. La amplia variedad de opciones existente hace que el *look* de chica Country pueda adaptarse a prácticamente cualquier tipo corporal —para saber más sobre formas, tallas y figuras corporales consulta el Capítulo 4—. Para conseguir la imagen *country*, las chicas con hombros anchos o la mitad superior del cuerpo más fuerte deben tener especial cuidado a la hora de elegir cualquier prenda con botones o cremallera frontales (como una chaqueta vaquera, por ejemplo). Asegúrate de comprar una talla lo bastante grande como para poder abotonar la prenda o subir la cremallera (aunque no tengas intención de ponerte así la chaqueta). De este modo te asegurarás de que el tejido no te queda demasiado ajustado en la espalda o en la sisa. Si optas por unos vaqueros, comprueba que son lo suficientemente largos para el calzado del estilo que vas a utilizar (los tacones necesitan un poco más de longitud y el calzado plano necesita menos centímetros). Si hace poco tiempo has dado un estirón y tus vaqueros parecen listos para recibir una riada (nunca un buen *look*), métados por dentro de las botas de vaquero y nadie se dará cuenta.

Otras chicas
Country famosas

Rissi Palmer
Julianne Hough
Carrie Underwood
Gwyneth Paltrow
(a veces)
Jewel

Un buen ejemplo: Taylor Swift
El estilo de la cantante estadounidense Taylor Swift es el ejemplo perfecto de cómo un marcado estilo *country* puede combinar bien con la imagen de una guapa sureña. Su vestuario, lleno de vestidos veraniegos y botas de *cowboy,* es la envidia de muchas chicas, y sus fans imitan ya su modo de vestir (con cabello rizado y todo), ¡algo que a Taylor Swift le encanta! En una entrevista la cantante dijo que mirar al público y ver un montón de chicas con vestiditos veraniegos y botas de *cowboy* es una de sus experiencias favoritas. La estrella de la música *country,* de cuyos álbumes se han vendido millones de copias, y que además es una de las artistas más jóvenes ganadoras del Grammy al Álbum del Año, ha firmado contratos con una gran firma de cosméticos, tiene su propia fragancia y es el rostro de la campaña publicitaria de una conocida línea de pantalones vaqueros en Estados Unidos.

Bohemia (o Boho)
(Para quienes siempre han querido vivir en París)

Las chicas bohemias de los movimientos *beat* y *hippy* de los años 50 y 60 adoptaron una forma de vestir idealista y poco convencional, que incluía una mezcla aleatoria de colores, patrones y tejidos, reflejo de las tendencias artísticas y literarias del momento. El término *bohemio* se sigue utilizando hoy en día para hacer referencia a la mente abierta y al estilo, en ocasiones ecléctico, de artistas y escritores y la moda *boho* sigue pisando fuerte gracias a jóvenes hollywoodenses como Mary-Kate Olsen, que tiene una cuenta corriente millonaria, pero un vestuario que parece sacado de la tienda de ropa de segunda mano de la esquina. A la que fuera niña actriz se le ha atribuido el mérito de impulsar la moda *boho* y, cuando estudiaba en la Universidad de Nueva York, su estilo —que requería mucho trabajo para parecer tan desenfadado— era comentado a diario por los *paparazzi,* que tomaban fotos de cada uno de sus movimientos.

Cómo conseguir que funcione. El estilo *boho* debe ser relajado. No pienses demasiado en las distintas prendas que superpones ni en la combinación de estampados que eliges. Piensa en palabras clave como *tierra, aire, natural* y *relajado* cuando escojas modelos, tejidos y colores. Con estas palabras en la mente te mantendrás instintivamente al margen de elementos artificiales, no naturales, que no funcionan bien en el *look boho.* Por otro lado, ningún conjunto está completo sin los accesorios adecuados, y esto es especialmente verdad para cualquier chica bohemia de verdad. Puedes llevar un fular suelto alrededor del cuello, atado a modo de cinturón o enrollado alrededor del pelo como elemento que aporta estilo. Los collares largos pueden usarse como pulseras, dándoles tres vueltas, o como cinta del pelo con dos vueltas. ¡Todo vale! Pero sé fiel a los materiales naturales, como pulseras de madera pintada, delicadas cuentas de vidrio, pamelas de paja y bolsos bordados a mano. Las telas que elijas han de ser también naturales. En general, todo lo que sea de punto, de ganchillo o hecho con materiales como algodón y lana funciona bien. Mantente alejada de todo lo que sea poliéster.

Consejos para una chica Boho. El *look boho* se caracteriza por jerséis de ochos de tallas grandes, sombreros blandos, maxifaldas y gafas de sol extragrandes. Y dada la gran variedad de patrones, materiales y accesorios disponibles en el vestuario *boho*, el estilo incorpora muchos artículos que seguramente ya tendrás en tu armario, pero que nunca te habías atrevido a combinar. Sin embargo, si es necesario salir de compras, date una vuelta por las tiendas de ropa de segunda mano, donde la selección de prendas es ya de por sí bastante ecléctica y ofrece variedad de estilos y épocas. Si nunca antes te habías vestido al estilo *boho*, puede llevarte cierto tiempo acostumbrarte. Al principio es posible que te veas desaliñada, un poco como una señora algo dejada, o como sacada de repente del festival de Woodstock. Para evitar esta molesta sensación, ve incorporando a tu armario una prenda *boho* de vez en cuando —una chaqueta de ganchillo aquí, un sombrero blando allá—.

Atención al tipo corporal. Los tejidos sueltos hacen que el estilo *boho* quede bien a todo tipo de figuras corporales. Sin embargo, las chicas menudas deben optar por vestidos y faldas que, como mucho, lleguen por debajo de la rodilla, ya que una silueta pequeña puede ahogarse entre tanta tela larga, suelta y vaporosa. Si quieres lucir piernas, ponte unos *leggings* oscuros (de piel falsa o verdadera, como valor añadido) y combínalos con prendas superiores más sueltas. Si el modelo no te resulta suficientemente cálido, ponte una bufanda de punto grueso y un poncho o capa con aberturas para los brazos.

Otras chicas bohemias famosas

Kate Hudson
Sienna Miller
Rachel Zoe
Mary-Kate Olson

Un buen ejemplo: Nicole Richie
Nichole Richie es diseñadora de moda, escritora, personaje de televisión, *socialité* y nada más y nada menos que hija del cantante de los años 80 Lionel Richie. Bautizada por *Los Ángeles Times* como *perma-boho celeb* (Celebridad siempre boho), la diseñadora es captada a menudo por las cámaras sonriente y vistiendo atuendos de estilo bohemio, con maxivestidos vaporosos de estampado Missoni y blusas sueltas, sombreros de ala ancha y pantalones cortos, medias y botas. Su gusto *boho* la ha llevado a crear su propia línea de joyería inspirada en los años 60 y 70, con pulseras y gruesos brazaletes que parecen recién sacados de su armario *hippy-luxe*. La *socialité* ha llevado su sentido de la moda a la televisión estadounidense como mentora de un nuevo *reality show,* donde servirá de inspiración a otros jóvenes diseñadores que desean abrirse camino en el mundo de la moda.

Surfera
(Para chicas que viven como en un verano sin fin)

La popularidad de películas de surferos como *Gidget (Chiquilla)* y *The Endless Summer (Verano sin fin)* a finales de los años 50 y 60 alimentó la imagen de jóvenes felices retozando en soleadas playas y vestidas con biquini y pantalón corto —aunque no es necesario que sepas deslizarte sobre las olas para seguir el estilo surfero—. Este *look* relajado se compone a base de vestimenta playera y refleja el aire veraniego y deportivo por el que son conocidos los surferos.

. . . .

Cómo conseguir que funcione. Ten en cuenta el mar, la arena y el sol cuando elijas colores y materiales para tu *look* de surfera. Opta por tonos vivos, inspirados en el buceo, como el amarillo o el turquesa, y asegúrate de que la tela de tu ropa es resistente a los elementos (deja en casa la seda y el poliéster). Los materiales que absorben la humedad, resistentes al agua o con propiedades impermeables (comprueba la etiqueta) son ideales si vas directamente de clase a la playa. En relación con los accesorios, deja que los *souvenirs* playeros orienten tu estilo, con pendientes, collares y pulseras tobilleras de conchas. Si no vives cerca del mar ni tienes planes de visitarlo pronto, crea tus propios accesorios marítimos. La mayoría de las tiendas de abalorios tienen conchas ya agujereadas, perfectas para crear tu propia pulsera o cualquier otro accesorio. Completa tu *look* surfero con un gran bolso *tote* para llevar todas tus cosas —incluido el protector solar—.

Consejos para una chica surfera. El estilo surfero es cualquier cosa menos caro. Las chicas surferas son conocidas por pasarse el día en la playa, no en una sala de juntas. Su vestuario es limitado y se desgasta hasta la muerte (cuanto más raído y desteñido, mejor). De modo que no te molestes en conseguir reproducciones de ropa surfera de diseñador. Busca prendas auténticas en tiendas de ropa de segunda mano, mercadillos de costa y pequeñas tiendas de surf (esa especie de cabañitas donde se alquilan tablas a un lado de la carretera cerca de las playas surferas). También deberías echar otro vistazo a las prendas de uso diario de tu armario. Utilizar los artículos que ya tienes es la manera más sencilla de crear tu propio estilo por poco dinero. Puedes cortar los vaqueros y lavarlos y secarlos para crear unos *shorts* raídos (pero no los cortes demasiado, pues no tendrás otra oportunidad) o puedes ponerte un simple pareo enrollado en la cintura de forma favorecedora encima del traje de baño como indumentaria apropiada cuando abandones la playa.

Si tienes el gen de la artesanía, atrévete a coser unos abalorios en el pareo o añade en el dobladillo inferior finas tiras metalizadas que brillen al sol —ambas aplicaciones constituyen opciones más económicas que comprar un modelo ya decorado—. Con la indumentaria adecuada, solo necesitarás unas buenas gafas de sol y unos cuantos pares de chanclas (y quizá una bonita pedicura en un suave color arena neutro) para completar el *look* surfero.

Atención al tipo corporal. Si tienes la fortuna de poder llevar tu estilo surfero hasta el agua, no te preocupes por el traje de baño. Los diseñadores están creando modelos que se ajustan y favorecen a cualquier tipo corporal. Los estampados, los dibujos y las rayas horizontales pueden acentuar las curvas. Los tirantes más anchos ayudan a sujetar un pecho más voluminoso. Y las chicas de cadera ancha pueden decantarse por un modelo con detalles en la cintura o en la parte superior del traje de baño, para atraer así las miradas hacia la parte superior del cuerpo. Las camisolas playeras valen prácticamente para cualquier tipo corporal, pero si quieres realzar un poco más tu silueta, átate en la cintura una cuerda fina, una cinta o algún resto de labor.

Otras chicas surferas famosas

Cameron Díaz

Malia Jones

Brooke Burke

Megan Abubo

Camila Alves

Un buen ejemplo: Kate Bosworth
El papel de reina bronceada de las olas en *Blue Crush (En el filo de las olas)* fue profético para este icono del estilo playero. Después de aprender a surfear para el papel en la película, la actriz rubia de playa se aficionó al deporte en la vida real; ha afirmado que trata de hacer tanto surf como puede. Aunque, evidentemente, no puede lucir biquini en la alfombra roja, su estilo en su tiempo libre sique siendo fiel a *shorts* vaqueros recortados, camisetas informales, trajes de baño con impresiones gráficas, chanclas y sombreros. Y sus rizos playeros siempre están listos para complementar el *look.*

Chica Punk
(Para rebeldes, iconoclastas y entusiastas del mosh pit*)*

A mediados de la década de 1970 la escena *punk* neoyorquina rebosaba vitalidad, con bandas como los Ramones que triunfaban en los escenarios, ataviados con cazadora de cuero, camiseta y pelos desgreñados. Y aunque la corriente *punk* se caracteriza por su gusto aparentemente *underground,* su popularidad se ha extendido hasta llegar a la primera línea de la moda. La afamada revista de moda *French Vogue* ha presentado incluso una separata de 10 páginas dedicada al estilo punk.

Cómo conseguir que funcione. Además de raídas prendas básicas en blanco y negro, el estilo *punk* hace uso también de una amplia variedad de colores chillones, estampados llamativos y, en general, de una indumentaria que llama la atención. Para lograr el *look* deseado, puedes combinar una cazadora de motero de tonos chillones (de piel verdadera o falsa) con unos vaqueros decorados (tachuelas, argollas o imperdibles) y, en lugar de medias de rejilla, moderniza tu imagen con unas medias de tu color o estampado favorito. Para dar un toque *glam* a tu estilo *punk*, combina elementos como unos guantes de encaje, un vestido de terciopelo o una blusa de raso con prendas de estilo más duro, como *leggings* de cuero, bolsos con cadenas y pulseras con puntas de metal.

Consejos para una chica punk. En el fondo, el *punk* es un estilo del tipo «hazlo tú misma». Tendrás que buscar en tiendas de segunda mano, mercadillos y entre la ropa de tus padres para encontrar la prenda perfecta. Si no has experimentado nunca antes con la moda *punk*, es posible que a más de uno le choque alguno de los componentes más audaces de tu imagen. Si te parece que tus padres o tu jefe no van a dar su aprobación, prueba el atuendo por partes —un día la cazadora de cuero con tachuelas y al día siguiente las medias en tonos naranjas—. Y antes de lucir algo tan rompedor como una cresta, pon a prueba tu creatividad con coloraciones de pelo temporales en un tono llamativo, un esmalte de uñas en un color con el que nunca te hayas atrevido antes o simplemente una intensa sombra de ojos. Aunque el *punk* sea el estilo de tu día a día, piénsatelo dos veces antes de ponerte lo más llamativo de tu colección (collares de perro incluidos) para eventos más recatados —la boda de tu hermana, la graduación de tu hermano en la Facultad de Medicina o el 90 cumpleaños de la abuela—.

Atención a la figura corporal. Las prendas de la chica Glam, de la Socialité y de la chica Preppy son, seamos francos, artículos «listos para su consumo», lo cual quiere decir que si vas a clase vestida con cualquiera de estos *looks* es posible que nadie vuelva la cabeza para mirarte. El estilo *punk* es todo lo contrario. Se hace notar. Atrae todas las miradas. Y hará que se vuelva más de una cabeza. Para lucir con éxito un *look* tan atrevido como el *punk*, tienes que rebosar confianza. Si dudas en mostrar determinadas partes de tu figura, entonces no lo hagas. Es tan sencillo como, por ejemplo, saltarte los pantys y optar por unos vaqueros, que te cubren algo más.

Si tu figura menuda queda engullida por la cazadora cargada de tachuelas que encontraste en la tienda de ropa de segunda mano, prescinde de ella y, para no pasar frío, opta por un clásico *punk*: la bufanda escocesa roja. La moda *punk* no es sinónimo de que haya que llevar el mismo atuendo a la playa y a un concierto, de modo que experimenta con distintas opciones como *blazers vintage* (azul marino, burdeos y verde cazador son excelentes opciones de color), sudaderas con cremallera (con imperdibles de adorno) e incluso calentadores para las piernas tipo años 80, que puede utilizar como calentadores de brazos (un buen hallazgo en tiendas de segunda mano).

Otras punks famosas

Kathleen Hanna
Annabella Lwin
Brody Dalle
Joan Jett
Siouxsie Sioux

Un buen ejemplo: Vivienne Westwood
La influyente diseñadora británica Vivienne Westwood (que recibió el prestigioso galardón de la Orden del Imperio Birtánico de manos de la Reina Isabel II) ha sido bautizada como la «madre del *punk*» y el Metropolitan Museum of Art la ha reconocido asimismo por el apelativo de «creadora del *punk*» usado por otros. Aparte de sus profundas raíces en la escena de la música *punk*, se le ha reconocido el mérito de recuperar el corsé y de lograr la popularidad de este estilo dentro de la moda convencional (incluso entre quienes consideran que un imperdible no puede ser un accesorios de moda). Como gran dama del *punk*, las colecciones de moda de la diseñadora británica incluyen a menudo actualizaciones del tradicional uniforme escolar británico, con las consabidas tablas y rayas, y los elementos más excéntricos, como plumas de neón. Y las opiniones de la diseñadora británica sobre las injusticias políticas resultan tan provocativas como su estilo de vestir. La diseñadora de cabello color fuego utilizó los folletos de su desfile de moda para apoyar la causa (y la inocencia) de un amigo activista y ha utilizado asimismo camisetas infantiles para expresar diversos mensajes y opiniones de carácter político. (¡Es tan *punk* rock!)

Gótica
(Para espíritus oscuros y atormentados)

Bajo ese velo oscuro de gasa y encaje, el estilo gótico es un estilo valiente para el día y la noche. Este *look*, que tiene su origen nada más y nada menos que en el siglo XVIII, tiene hoy día más fuerza que nunca. El museo del Fashion Institute of Technology de Nueva York ha llegado a organizar una exposición dedicada por completo al estilo gótico en la moda, con diseños creados por iconos de la moda como Alexander McQueen, Karl Lagerfeld y Olivier Theyskens.

. . . .

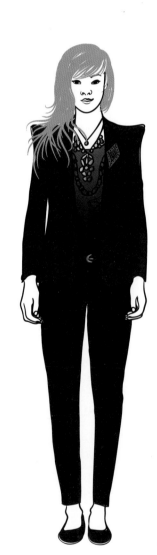

Cómo conseguir que funcione. El estilo gótico es en general bastante monocromático (es decir, suele utilizar un solo color), pero no te sientas obligada a vestir de negro de la cabeza a los pies. Un vestido de gasa en un tono ahumado, extensiones de pelo azul noche y un abrigo de terciopelo carmesí son opciones alternativas al negro que pueden utilizarse para el estilo gótico. Tampoco hay limitaciones en cuanto a materiales y texturas, de modo que prueba el lado más suave de la moda gótica con encajes, volantes que dejen los hombros al aire y sedas. Y si no te sientes plenamente entregada a los melancólicos colores oscuros de este estilo, incorpora algunos toques de lila para suavizar el tono general. Opta por estilos interesantes de blusa, como una *peplum* de color rojo sangre, que marca la cintura y realza la silueta gracias a la pieza de tela con vuelo cosido en la cintura (es como una mini-sobrefalda que sale de la blusa a la altura de la cintura). Para la mitad inferior, pruébate una falda lisa y recta (que deje entrever tus esculturales pantorrillas a través de la abertura posterior) hasta los tobillos y confeccionada en un material que se pegue mucho al cuerpo, como *spandex*, rayón o mezclas de licra.

Consejos para una chica gótica. Si la creatividad en moda se midiera por altura, el estilo gótico sería un tacón de aguja y cualquier otro quedaría entre el tacón bajo y el zapato plano. Existen infinidad de posibilidades en cuanto al «Hazlo tú misma», como reciclar tus medias para crear tu propia camiseta de redecilla. Consejo: Recorta un agujero más grande del que consideres necesario en el área de las medias donde se juntan las dos piernas y después saca la cabeza por este agujero y utiliza como mangas los compartimentos correspondientes a las piernas. Para encontrar más opciones góticas (dentro del presupuesto), busca en los mercadillos algún detalle que aporte personalidad, como plumas de pavo real y avestruz (perfectas como accesorios para el pelo). Y no te dé vergüenza tampoco buscar en mercerías y tiendas de telas, pues son un lugar excelente donde encontrar tejidos como encajes y terciopelos (que puedes utilizar para confeccionar una bonita gargantilla). Por otro lado, las perfumerías suelen también disponer de varias marcas de esmaltes de uñas negro, morado o azul.

Atención al tipo corporal. Los colores oscuros del estilo gótico son de por sí favorecedores para cualquier tipo de cuerpo, aunque es importante ser cuidadosa con los detalles que aportan interés. Encajes, plumas, volantes y otros vistosos accesorios presentes en el armario de toda chica Gótica atraen de forma natural la mirada del observador hacia el área donde se encuentra el detalle. Si no deseas realzar determinadas áreas de tu cuerpo, no te pongas ningún adorno en esa parte en concreto (es así de fácil). Si, por ejemplo, prefieres resaltar tus hombros mejor que tu cintura, recurre a un encaje que deje tus hombros al descubierto, en lugar de utilizar un cinturón de eslabones (más datos sobre figuras corporales en el Capítulo 4). Las medias (rasgadas, estampadas, opacas o sencillas) pueden también suponer un problema en ocasiones. Cuanto más brillantes sean tus medias, más atraerán la atención hacia tus piernas. Si prefieren acentuar otra parte de tu cuerpo que no sean las piernas, ponte una sencillas medias negras o color pizarra, sin rasgones.

Otras chicas goticas famosas

Amy Lee
Evan Rachel Wood
Asia Argento
Rose McGowan
Las chicas del grupo japonés de música gótica Kokusyoku Sumire

Un buen ejemplo: Taylor Momsen
La actriz de la serie estadounidense de televisión *Gossip Girl,* más tarde vocalista de un grupo hard *rock,* se siente a gusto con medias rasgadas, camiseta de banda de *rock* y botas de cuero hasta los muslos. Con un vestuario compuesto en su mayor parte por prendas *vintage* que ella misma modifica —para ponerse la misma de diferentes maneras— y una rutina de maquillaje consistente en la sombra de ojos más negra que puedas encontrar, esta chica de estilo gótico ha ocupado ya varias portadas en distintas revistas de moda y ha sido el rostro de una campaña publicitaria para una fragancia de Galiano.

Chica Grunge
(Para fans de la franela)

En los años 90 la música *grunge* ayudó a situar en el mapa la ciudad de Seattle, pero desde entonces se ha convertido en un elemento esencial de la moda, y no solo en Estados Unidos. Aunque el *grunge* se inspiraba en origen en la idea de despreocupado desaliño (que se hizo popular de la mano de bandas *grunge* clásicas de los años 90 como Nirvana y Garbage), actualmente es popular también en las revistas de moda de papel cuché gracias a famosas que visten franelas, gorros de punto y pantalones de pana texturizada (piensa en un leñador elegante). No te estreses si tus conocimientos musicales terminan en tu dominio de escoba a modo de guitarra. La gente que no es entendida en música también puede seguir la moda *grunge.* La adaptación actual del estilo supone a menudo más color y tonalidades inesperadas, como amarillos, rojos, verdes azulados y naranjas.

Cómo conseguir que funcione. Incluso si la música de los años 90 no es tu favorita, la vuelta del estilo *grunge* te permitirá hacer uso de un montón de básicos que probablemente tengas ya en tu armario (o en el fondo de un cajón, esperando a ser reciclados), como un vestido o una camiseta con botones, pantalones pitillo o conjuntos de pana, todo lo cual podrás completar, por ejemplo, con tu chaqueta del equipo de la Universidad. En cuanto a los accesorios evita las joyas ostentosas y quédate con sencillas pulseras artesanales, collares de cuerda y bolsos de ante. Y para la cabeza, cuando haga frío, remata el conjunto con un sencillo gorro de lana.

Consejos para una chica Grunge. El estilo *grunge* debe ofrecer un aspecto espontáneo. Cualquier prenda que esté usada, gastada o descolorida puede tener una segunda oportunidad en tu armario *grunge*. Para mantenerte fiel al *look*, evita comprar costosas prendas nuevas y date una vuelta por tiendas de ropa de segunda mano en busca de básicos de influencia *grunge*. Tu trastero puede ser también un primer lugar en el que buscar cajas de viejas prendas invernales. Las ropa térmica, los gorros calentitos y los jerséis lisos pueden ayudarte a redescubrir los gloriosos días del *grunge*. ¿No acaba de convencerte tu *look*? Prueba a añadir pequeños detalles, como una cinta a cuadros para el pelo, opta después por una camisa de franela atada en la cintura y completa tu imagen con un jersey de ochos sobre una camisa escocesa de algodón abierta, pantalones de pana de cintura baja y una bolsa de ante tipo mensajero de asa larga.

Atención al tipo corporal. No renuncies a las formas ceñidas por el estilo *grunge*. La clave está en utilizar ropa que puedas ponerte por capas, como chaquetas de punto, *blazers*, *leggings* estriados, vestidos de tela escocesa de corte imperio y camisetas básicas de manga larga. Estos elementos visten al tiempo que respetan el *look* esbelto propio del estilo (más datos sobre ropa para tu figura corporal en el Capítulo 4). Si a tu estilo *grunge* le faltan formas (te sientes como nadando en un mar de cuadros escoceses), añade un cinturón de cuero (o imitación de cuero) con detalle de ojales plateados en la cintura. Para dar forma según te vas poniendo ropa, utiliza como capa final un *blazer* ajado (que esté algo desgastado e incluso descolorido es clave, pues de lo contrario tu *look* se inclinará a lo *preppy*). Las prendas que vayas añadiendo no tienen por qué ser sueltas y holgadas. Abotónate la chaqueta sobre una camiseta larga ceñida y completa el *look* con una bufanda suavemente anudada al cuello.

Otras chicas Grunges famosas

Kin Gordon
Juliette Lewis
Jenny Shimizu
Winona Ryder
Alice Dellal
Claire Danes
(en la serie *Es mi vida*)

Un buen ejemplo: Courtney Love
El rey del estilo *grunge* fue Kurt Cobain, razón por la cual la que entonces era su mujer, Courtney Love, no podía ser otra cosa que la reina de este estilo. Fue vocalista de la banda de *punk rock* Hole e icono del *grunge* femenino desde principios de los 90. Y aunque ha sido fotografiada pisando la alfombra roja en grandes momentos de sumo *glamour,* su estilo característico consiste en ojos con *eyeliner* corrido, vestidos «baby doll» y *leggings* cortados con láser —por algo fue la *celebrity grunge* de los 90—. Todo ello aparece en su blog personal de moda, llamado, de forma muy acertada, *What Courtney Wore Today* (Qué se puso Courtney hoy).

Acción Fashion
Noche temática de cine con amigas

¿No estás lista aún para comprobar en el mundo real cuál es el estilo de moda que más se ajusta a tu personalidad? Organiza una noche de cine con tus amigas para vestiros y ver cómo funciona tu nuevo *look* con un grupo de gente sin duda más benévola. Si te inclinas por el *look* de chica Country, alquila unas cuantas películas del Oeste para entrar en materia. Si te inclinas más hacia la chica Glamour, organiza tu noche de cine en torno a una gran gala de premios con alfombra roja, o pulsa *play* en *El Diablo se viste de Prada* para ver el glamuroso *look* de las profesionales de la moda.

¿QUÉ NECESITARÁS?
- Invitaciones
- Aperitivos
- Cámara
- Película de temática moda
- Al menos un conjunto completo

Cómo hacerlo. Para el éxito de tu acción *fashion,* elige primero un tema dentro del amplio campo de la moda y después encuentra una película apropiada que te ayude a desarrollarlo. A continuación envía las invitaciones a tu grupo de amigas, con un mensaje sobre el plan de vestuario previsto. Prepara muchos aperitivos «cinematográficos» y una cámara para que quede constancia de que tus modernas amigas se dan por enteradas de tu nueva personalidad en materia de moda.

PELÍCULAS QUE HAN MARCADO LA MODA
El cine siempre ha proporcionado inspiración de estilo y moda a diseñadores, estilistas, artistas y otros creadores. Revisa algunas de las siguientes películas icónicas y comprueba lo influyente que puede llegar a ser realmente la moda plasmada en una película.

Grey Gardens (1975)
La película documental de los hermanos Maysles (un clásico de culto) ha sido llevada recientemente al cine con Drew Barrymore como protagonista, pero manteniéndose fiel al original en lo referente a la forma de vestir de Little Edie en la vida real, realmente nada convencional.

Funny Face (1957)
Audrey Hepburn hace el papel de dependienta de una librería en Greenwich Village y Fred Astaire coprotagoniza el film como fotógrafo de moda en busca de nuevas tendencias. Richard Avedon, fotógrafo en la vida real, trabajó con el director Stanley Donen para crear uno de los momentos culminantes de la película: la actriz posando para una revista de moda en distintos lugares de París.

Casablanca (1942)
Vestidos estructurados, gabardinas y sombreros reinan sublimes en este romántico clásico protagonizado por Humphrey Bogart e Ingrid Bergman.

A Hard Day's Night (1964)
Esta comedia, protagonizada por los Beatles y comercializada en España con el título *¡Qué noche la de aquel día!,* muestra un sinfín de prendas de vestir y elegantes estampados de moda años 60.

Bill Cunningham New York (2010)
Bill Cunningham es un fotógrafo de moda que trabaja para el *New York Times* y este increíble documental muestra cómo, con pasión, una bicicleta, una cámara de fotos y poco más, fue capaz de retratar el mundo de la moda y dejar en él su sello a lo largo de varias décadas de carrera profesional.

 *Notas*

CAPÍTULO 3

Los elementos del estilismo

Ahora que ya tienes una idea del *look* que quieres conseguir, ha llegado el momento de saber algo más sobre los elementos con los que se trabaja en estilismo. Una manera de considerar estas unidades estructurales puede consistir en imaginarte tu armario. Está lleno de vestidos, vaqueros y chaquetas, por supuesto, pero también está lleno de rojos, azules, rayas, lunares, cuadros escoceses iy también de un montón de zapatos! Todas estas son poderosas herramientas dinámicas del estilismo, y saber qué estampados combinan bien, qué colores chocan y qué zapatos le van mejor a tu vestido de fiesta es solo el comienzo...

COLOR

El color es un elemento esencial en el estilismo. Utiliza el color indebido para tu tono de piel y parecerás pálida («desvaída»), o escoge un color inapropiado para la ocasión y definitivamente llamarás la atención, pero no precisamente de manera positiva. Por el contrario, bien utilizado, el color es como una varita mágica de tu caja de herramientas de estilismo, pues proporciona el detalle perfecto para atraer la atención de la gente y equilibrar tu aspecto en conjunto.

La rueda de colores

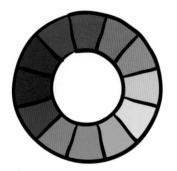

¿Te has sentido alguna vez completamente sobrepasada por todos los colores de tu armario? Cuando te encuentras ante una mezcla caótica de blusas azul pavo real, faldas rojo tomate, chaquetas de punto verde hierba y camisetas sin mangas naranjas, elegir la prenda correcta de entre un mar de colores puede hacer que te sientas más desesperada que feliz. Pero, afortunadamente, Isaac Newton descubrió algo que puede sernos de gran ayuda. En 1666 el gran científico inglés creó la primera rueda de colores y descubrió que la luz blanca pura encierra en realidad todo el espectro de colores.

La rueda básica (que es posible que hayas utilizado en clase de arte o que hayas visto en tiendas de manualidades) consta de 12 colores pertenecientes a tres categorías distintas: primarios, secundarios y terciarios.

- **Colores primarios**: rojo, amarillo y azul.
- **Colores secundarios**: naranja, verde y violeta. (Todos ellos son el resultado de la mezcla de colores primarios.)
- **Colores terciarios**: amarillo anaranjado, rojo anaranjado, rojo violáceo, azul verdoso y amarillo verdoso. (Todos ellos son el resultado de la mezcla de un color primario con el color secundario que le sigue.)

Pero, ¿por qué es tan importante conocer los tecnicismos de la rueda de colores? Pues bien, vestirse de negro es fácil, pero también resulta un poco aburrido. Con tantos colores entre los que elegir, es importante, al menos, conocer de qué opciones dispones. Pero antes de que parezcas una mala copia de un cuadro de Jackson Pollock, debes saber qué colores te van mejor. En momentos de pánico —como cuando no consigues decidirte por unos zapatos para tu vestido veraniego de color amarillo— una rueda de colores puede venirte muy bien. Cuando sepas cómo se crean los colores, aprenderás a elegir los tonos que combinan mejor entre sí.

- **Colores análogos**. Una de las maneras más sencillas de utilizar la rueda de colores consiste simplemente en tomar un color básico y después elegir un color análogo para formar pareja. Un color análogo es el que se encuentra situado junto a otro color en la rueda. Para tu vestido playero amarillo, el color análogo sería el naranja o el verde. ¡Problema resuelto!
- **Colores complementarios**. Si te sientes atrevida, es posible que quieras elegir un esquema de colores complementarios, que incorpora tonalidades situadas en una posición diametralmente opuesta a la ocupada por otro color en la rueda. En el caso del amarillo el color complementario sería el violeta.
- **Colores monocromáticos**. Los colores monocromáticos son tonos distintos de un mismo color, que pueden generar un *look* impresionante. Juega con tonos suaves, medios y oscuros. En el caso de un vestido veraniego amarillo pollito (un tono medio) puedes combinarlo con calzado plano amarillo bebé (suave) y accesorios dorados (oscuro).
- **Tríada de colores**. Para lograr un *look* rotundo y llamativo, prueba una paleta de tres tonos. Los colores situados a la misma distancia entre ellos en la rueda de colores (en forma de triángulo) se denominan triádicos. Para aplicar este esquema de colores a tu vestido amarillo, puedes combinarlo con un jersey naranja y zapatos azules para completar el atuendo.

El color según la personalidad

El color tiene un gran peso estético en moda, pero además puede afectar a tu manera de desenvolverte. Los investigadores que estudian los aspectos psicológicos del color han descubierto que los distintos tonos tienen su papel en la manera en la que llevamos a cabo tareas, en nuestra creatividad e incluso en nuestra manera de comer. Si quieres aprovechar el poder del color, elige el más adecuado en función de tus objetivos.

- **Rojo**. ¿Quieres mejorar tus resultados en el examen de geometría? ¡Pues ponte a estudiar! Pero si necesitas algo de ayuda extra, ¿por qué no probar con un poco de rojo?

Diversos estudios han puesto de manifiesto que el color rojo puede ayudarte a trabajar con más cuidado, a prestar mayor atención al detalle y a potenciar la memoria —justo lo que necesitas para recordar ese molesto teorema de Pitágoras—.

- **Azul**. ¿Tienes pesadillas con un horror de redacción para tu clase de literatura? Vístete con todo el azul que puedas. Varios estudios han puesto de manifiesto que el azul sirve de ayuda en las pruebas que requieren imaginación.
- **Amarillo**. ¿Interesada en aumentar curvas? Los científicos han descubierto que la gente come más cuando está expuesta al color amarillo —en un estudio, se atribuyó a este color que unos participantes comieran el doble que los demás—.

Geometría de colores

Como apuesta de color atrevida, combina colores y crea un diseño geométrico. Si alguna vez has asistido a clases de historia del arte, puede que este estilo te recuerde al pintor alemán Mondrian. La geometría de colores consiste en el contraste entre colores sólidos colocados unos junto a otros, en cuadrados o rectángulos de distintos tamaños. Los diseñadores empezaron a inspirarse en geometrías de colores ya en 1965, cuando Yves Saint-Laurent lanzó su famoso vestido de día Mondrian, con estampados geométricos y abstractos en rojo, azul, blanco y negro.

Sin embargo, no necesitas contar con un presupuesto de diseñador para componer tu propio *look*. Crea geometrías de colores con combinaciones cromáticas conocidas que generen contrastes nítidos. Constituyen, por ejemplo, un buen punto de partida para cualquier principiante combinaciones tricolores tan familiares como el rojo, el blanco y el azul de la bandera de Estados Unidos o la clásica combinación de blanco, negro y rojo.

Una vez elegidos los tres colores, destina un color para cada elemento de tu atuendo de tres piezas: por ejemplo, puedes llevar unos pantalones cortos rojos, una blusa blanca metida por dentro y un *blazer* azul. ¡Y ya está!

ESTAMPADOS

Los estampados, sean del color que sean, pueden ser el mejor amigo de un estilista (o su peor enemigo). Pero si respetas unas cuantas reglas sencillas —y consigues ignorar algunos grandes mitos— no tienes nada de qué preocuparte. Por ejemplo, contrariamente a cuanto puedas pensar, no es pecado combinar estampados. De hecho, estampados distintos pueden funcionar realmente bien si recurres a accesorios neutros o en un msimo tono. Los lunares y las rayas quedan estupendamente. Pero, como regla general, usa estampados de la misma familia de color. He aquí unas sencillas instrucciones para el manejo de los estampados.

Reina del color

Como si se tratara de la reina del baile en la fiesta de graduación, en el Pantone Color Institute (una autoridad mundial en materia de color) todos los años se elige un color como favorito. Los expertos en tendencias de color de la empresa han concedido recientemente premios a colores como Fuchsia Rose en 2001, Aqua Sky en 2003, Sand Dollar en 2006 y a un tono rosa rojizo llamado Honeysuckle en 2011.

Estampados animales

En relación con los estampados animales no importa qué tipo elijas —ya sea cebra, guepardo, leopardo, tigre o pitón—, todos deben utilizarse con moderación. Hablando en general (toda regla tiene sus excepciones), los estampados animales deben utilizarse como complementos del vestuario, no como elementos centrales. Utiliza un toque de estampado aquí y allí para realzar un vestido negro sólido, una blusa roja o una falda tubo de color tostado.

Estampados *Ikat*

Puede que el nombre de este estampado no te diga nada, pero sabrás lo que es un *ikat print* en cuanto veas uno. Surgió como una versión moderna de la técnica de teñido *tie-dye* y el resultado es un característico motivo en forma de diamante, fundido en formas abstractas. El aspecto artesanal del estampado le otorga un aire desenfadado, playero, que queda bien en maxivestidos, tops campestres sueltos y pañuelos vaporosos. Como ocurre con los estampados animales, debes utilizar un solo estampado *ikat* para tu *look*, y no mezclar —el diseño tiene fuerza suficiente para brillar por sí mismo—.

Estampados florales

No tienes por qué recurrir a Vincent van Gogh para conseguir un bonito estampado floral —aunque unos cuantos girasoles nunca vienen mal—. Los temas florales constituyen uno de los estampados más fáciles de llevar, porque permiten muchos grados de fuerza. Puedes elegir un suave motivo floral campestre en tonos pastel, un animado microestampado de diminutas rosas o una versión más estridente con una gran explosión de enormes hortensias y pensamientos sobre un fondo de un color sólido.

Con tantas opciones los estampados florales pueden pasar de lo increíble a lo desmesurado bastante rápidamente. Una manera de no pasarse consiste en romper el estampado con una chaqueta de un color sólido (un *denim*, por ejemplo, funciona bien) o con un cinturón ancho.

Estampados gráficos

La tecnología ha tenido un impacto enorme en el campo de las impresiones gráficas. Por medios digitales, es posible transformar diseños geométricos y darles un tratamiento tridimensional, de manera que las imágenes de una fotografía o de un dibujo pueden ampliarse o reducirse para que la pieza de arte original cobre intencionadamente protagonismo. Los estampados gráficos sueles ser interesantes, pero no siempre son «pan comido». Las creaciones artísticas hallan aplicación sobre todo en dosis pequeñas pero intensas, de modo que un minivestido sin mangas con un estampado gráfico suele quedar mejor que un estampado en un vestido largo y vaporoso.

MODA DE CALZADO

Tu colección de zapatos no tiene por qué parecerse a la de Imelda Marcos (la que fuera primera dama de Filipinas y propietaria de más de 1.220 pares de zapatos) para permitirte distintas opciones, aunque conviene recordar que los zapatos son una parte esencial de la imagen. Y aunque distintos estudios han documentado que la mujer media de Estados Unidos tiene en torno a 19 pares de zapatos en su armario, en realidad solo se necesitan cuatro pares: unos llamativos, unos informales, un par de zapatos planos y un buen par de zapatos de tacón. Al menos uno de estos pares debe combinar bien con alguno de los conjuntos que hay posibilidades de que te pongas.

Un par de zapatos llamativos

Toda chica ha de tener un par de zapatos llamativos en su armario. Es el accesorio excesivo perfecto para un *look*, por lo demás, conservador o para contrarrestar un invierno triste y deprimente. Existen muchos motivos por los que un calzado puede destacar, aunque son candidatos evidentes a la condición de «zapatos estrella» unas bailarinas de un naranja brillante, unas gruesa botas color magenta o unos zapatos de tacón con diseño de colores geométricos. Un calzado explosivo añade atractivo a cualquier *look*, pero queda especialmente bien cuando forma parte de un conjunto monocromático.

El calzado informal no está prohibido

No hay nada peor que hundir tus tacones de aguja en un césped embarrado. Te sentirás ridícula y estropearás la hierba. No importa si tu vestuario es muy elegante o nada elegante: siempre debes tener un par de zapatos planos o de cuña, de los que puedas echar mano para excursiones, acontecimientos deportivos, paseos o cualquier otro momento en el que, por una u otra razón, unos tacones simplemente no sean adecuados. Encuentra un par de un color que combine prácticamente con todo y, por encima de todo, ¡asegúrate de que son cómodos!

Bailarinas y tacones

Tanto si se trata de bailarinas como de tacones, el largo de los pantalones es clave. Ni unas bailarinas ni unos tacones de vértigo quedarán bien si los pantalones no tienen la longitud adecuada. De hecho, el largo de los pantalones determina en ocasiones el estilo de zapato que debes elegir. Unas bailarinas que hacen que arrastres el dobladillo pueden constituir un peligro para la salud (¡cuidado con tropezar!) y pueden dar lugar a que el dobladillo se deshilache y se ensucie. En el extremo opuesto del espectro, los centímetros extra de unos tacones pueden provocar que tus pantalones parezcan demasiado cortos y dar la impresión de que te estás preparando para una riada. ¿Cómo se puede saber fácilmente qué altura de tacón es la mejor? Con los zapatos puestos, el largo de un pantalón pitillo debe llegar por el tobillo o justo por encima de éste.

> **Iconos de estilo: Christian Louboution**
> Los zapatos de Christian Louboutin han vestido los pies de algunas grandes celebridades del mundo (Lady Gaga, Jennifer López y otras) y sus suelas lacadas rojas han protagonizado cameos en famosas películas como *Sexo en Nueva York,* aunque definitivamente no son baratos —sabido es que en la etiqueta de algunos pares han aparecido precios de cuatro cifras—.

EL PODER DE TRES

Ahora que ya dominas los elementos con los que se juega en materia de moda, has de aprender a combinarlos con un truco de estilismo de moda que llamaremos el «Poder de tres». Este concepto de estilismo te ayudará a crea un *look* infalible con mínimo esfuerzo.

El truco en cuestión comienza con una sencilla premisa: debes tener siempre tres artículos de cada categoría de vestuario (como partes superiores, partes inferiores y zapatos) que puedan combinarse entre sí para crear un *look*. Así, una vez que domines el Poder de los tres, la creación de una indumentaria impecable en un momento no será un problema en absoluto, porque todo cuanto tendrás que hacer será realizar tres sencillas elecciones de cada grupo.

El Poder de tres: partes superiores

Las tres opciones que elijas deben adaptarse a varias posibilidades en cuanto a climatología, dependiendo de donde vivas. Por ejemplo, una parte superior de manga larga, una de manga corta y otra sin mangas serían buenas opciones en áreas de clima templado. Los colores de estas partes superiores tienen también que guardar similitud —por ejemplo, podrían ser todas ellas en tonos de joyas o en colores neón o todas de colores pastel—.

El Poder de tres: partes inferiores

Una vez escogidas tus prendas para la parte superior del cuerpo, ya estás preparada para tomar algunas decisiones en cuanto a partes inferiores. Las

tres partes inferiores que elijas deben seguir el mismo proceso de selección que las partes superiores. Elige estilos apropiados para el tiempo que hace en la localidad donde vives —por ejemplo, los leotardos de lana no serán probablemente la mejor elección si las temperaturas de tu ciudad se mantienen en general por encima de los 30 grados—. Por otro lado, la elección de las prendas también puede ser mixta, es decir, puedes elegir unos pantis y dos faldas. A continuación, una vez elegidos los tipos de prendas que quieres, tendrás que elegir la paleta de color. Sin embargo, esta vez deberás asegurarte de que todos los colores combinan bien con las partes superiores ya elegidas. Utiliza la estrategia aprendida en el apartado sobre colores de este capítulo para decidir cuáles son los colores quedan mejor con esas partes superiores.

El Poder de los tres: zapatos

Llegados a este punto, solo faltan los zapatos. Las bailarinas, los botines (si tienes un par) y los tacones componen una buena selección, pues te ofrecen más opciones, independientemente de la longitud de tus pantalones y sin importar lo formal que sea el atuendo. En cuanto al color una vez más, elige tonos que combinen bien con los grupos de partes superiores e inferiores.

Junta el Poder de los tres

Cuando estés trabajando con tus tres elementos, solo necesitarás realizar una elección de cada uno de los tres subgrupos: mitades superiores, mitades inferiores y zapatos. ¡Eso es todo! Con este sistema, en lugar de sentirte sobrepasada por todo un armario lleno de opciones, solo tendrás que tomar tres sencillas decisiones. Cuentas con 27 opciones de vestuario final (no te preocupes, hemos hecho los cálculos). Si quieres una organización aún mayor, puedes incluso subdividir tu armario en secciones según el sistema del Poder de tres.

Acción Fashion
Crea tu propio kit de estilismo

Hasta el *look* más inspirado requiere las herramientas adecuadas para su composición. Los estilistas profesionales utilizan lo que se denomina un kit de estilismo cuando trabajan para alguna acción o con clientes, pero todas las chicas deberían tener su propio kit. Considéralo como una caja de herramientas con todos los utensilios básicos que puedes necesitar para ajustar tallas de ropa, mantener las cosas en su sitio y crear un atuendo perfectamente acabado.

Algunos elementos de tu kit de estilismo solo te servirán para simular el aspecto de un conjunto magnífico —aunque estas herramientas también sirven para que puedas hacerte una idea de cómo alcanzar una solución de carácter más duradero—. Por ejemplo, puedes utilizar una pinza sujetapapeles para tensar un vestido de fiesta que te queda grande y adaptarlo así mejor a tu figura si tienes intención de hacerte unas fotos antes del baile en tu casa, aunque, evidentemente, este truco no te servirá para la pista de baile. Sin embargo, otros elementos de tu kit de estilismo (como un imperdible) pueden ocultar fácilmente el dobladillo caído de tus pantalones favoritos o salvar el día en caso de una cremallera que no funciona como debiera.

PINZAS SUJETAPAPELES

Qué son. Estos elementos básicos de oficina se venden en una gran variedad de tamaños y se utilizan para sujetar papeles.

Cómo se utilizan. Puedes utilizar las pinzas para tensar y prender ropa holgada de manera que se ajuste a tu figura.

Dónde conseguirlas. Las encontrarás en cajones de escritorio, tiendas de material de oficina y tiendas de material de bellas artes.

Consejo. La mayoría de los estilistas utilizan este tipo de pinzas para recoger las prendas por detrás. Cuando se va a tomar una foto en vista frontal, la cámara no capta cómo las pinzas sujetan la ropa por detrás.

IMPERDIBLES

Qué son. Este útil tan propio de MacGyver se usa para remediar, de forma fácil y rápida, todo tipo de rasgones y roturas.

Cómo se utilizan. El multifuncional imperdible puede emplearse para cerrar un poco un escote demasiado pronunciado, para asegurar una cremallera estropeada o para suplir un botón caído.

Dónde conseguirlos. Siempre puedes ir a una mercería, aunque, por razones que se nos escapan, parece ser que en los cajones de los escritorios siempre se encuentra algún imperdible. La tintorería de la esquina es también un buen lugar donde conseguir un par de imperdibles gratis.

Consejo. Ten cuidado cuando prendas un imperdible en un tejido; los agujeros que hacen son pequeños, pero en prendas delicadas pueden dejar marca.

CINTA ADHESIVA DE DOBLE CARA

Qué es. La cinta adhesiva de doble cara ofrece todas las ventajas de la normal, pero ¡se pega por las dos caras!

Cómo se utiliza. El hecho de que no seas una experta costurera no quiere decir que no puedas acortarte una falda o un par de pantalones. Para arreglos de una sola noche, puede utilizar la cinta adhesiva de doble cara para hacer tú misma un dobladillo.

Dónde conseguirla. En cualquier mercería o tienda de material de oficina.

Consejo. No olvides que la cinta adhesiva es solo una solución temporal; no va a mantener para siempre en su sitio la parte de la prenda que hayas logrado sujetar.

KIT DE COSTURA DE VIAJE

Qué es. Es una versión en miniatura del costurero real, con una aguja y varias hebras de hilo de diferentes colores.

Cómo se utiliza. Un kit de costura de viaje es ideal para coser un botón suelto o meter un dobladillo cuando necesitas algo más que una solución temporal.

Dónde conseguirlo. Puedes comprar un minicosturero en una mercería. Aunque las tiendas de manualidades y telas también tienen todos los elementos.

Consejo. Los minikits pueden ser más o menos grandes. Elige uno del tamaño adecuado para ti, pero que tenga variedad de colores de hilos.

PAPEL DE SEDA

Qué es. Es el papel que da un toque de delicadeza a los paquetes de regalo.

Cómo se utiliza. ¿Alguna vez, al ponerte un vestido de cuello demasiado cerrado, has acabado manchándolo con el carmín y el maquillaje? Ponte una hoja de papel de seda sobre la cara antes de introducir la cabeza por el vestido, ya que da una protección delicada y apenas ocupa lugar.

Dónde conseguirlo. En cualquier tienda donde se venda papel de envolver o en el «armario de cosas para envolver regalos» que suele existir en la mayoría de las casas familiares.

Consejo. El papel de seda funciona muy bien, hasta que deja de funcionar. En cuanto empiece a romperse o a presentar agujeros, será el momento de sustituirlo por uno nuevo.

UN CALCETÍN BLANCO LIMPIO

Qué es. No hace falta decirte lo que es un calcetín.

Cómo se utiliza. El desodorante es un producto necesario para la mayoría, pero el residuo blanco que puede dejar en un vestido negro es un efecto muy desagradable. Evita esos residuos frotando la mancha con un calcetín blanco en círculos pequeños. Así eliminarás el halo blanco sin dejar ningún resto (como con una toallita de papel).

Dónde conseguirlo. En el cajón de calcetines o debajo del sofá.

Consejo. No olvides lavar el calcetín.

MARCADORES PERMANENTES NEGROS

Qué son. Su nombre lo dice todo.

Cómo se utilizan. Probablemente ya te habrás imaginado este truco, pero es tan valioso que tenemos que mencionarlo aquí. Un marcador negro en un excelente corrector para rellenar arañazos en zapatos, carteras o cualquier otro accesorio negro.

Dónde conseguirlos. En los cajones de tu escritorio y en tiendas de material de oficina.

Consejo. No cedas a la tentación de utilizar un marcador sobre materiales que no sean de un negro sólido (por ejemplo, sobre una camiseta a rayas blancas y negras), pues la tinta puede correrse.

ROLLO QUITAPELUSA

Qué es. Es un pequeño rollo de mano con cinta adhesiva que se utiliza para eliminar cualquier partícula pegada a la ropa.

Cómo se utiliza. Nada ofrece una imagen tan descuidada como un montón de pelos de perro o gato pegados en tus pantalones. Si tienes mascotas (incluso de pelo corto), unas cuantas pasadas rápidas del rollo quitapelusa deben formar parte de tu toque final siempre que te arregles.

Dónde conseguirlo. En tu tintorería habitual podrían regalarte uno, pero también puedes comprarlo en cualquier supermercado o droguería.

Consejo. Los rollos funcionan mejor cuando la capa adhesiva es nueva.

EN BUSCA DE UN SITIO PARA TUS COSAS

Ahora que tienes todos tus utensilios, es el momento de guardarlos en algún lugar. No desearás que tu kit empiece a parecer un enorme bolso tipo hobo, un cajón de sastre para todo, desde recetas hasta paquetes de chicle. Tu kit debe estar bien organizado y tener su propio contenedor con, al menos, dos secciones separadas.

Dado que en realidad estamos hablando de un contenedor básico, no es necesario gastar mucho dinero. Lo más probable es que ya hayas considerado algunas de las opciones que te proponemos a continuación y, si no es así, o si deseas algo más estiloso u original, recurre a vecinos, amigos y familiares. (¿Por qué no? ¡Piensa por un momento en todos los tesoros escondidos en la buhardilla de tu querida tía!)

- Caja de herramientas
- Caja organizadora
- Caja de zapatos
- Joyero
- Bolsa de maquillaje
- Bolsa de mensajero
- Pequeño bolso

CAPÍTULO 4

Conoce tu tipo corporal

La famosa diseñadora de moda Coco Chanel dijo una vez: «La moda es arquitectura. Es una cuestión de proporciones». Y tenía razón: todos sabemos que el cuerpo humano muestra una increíble variedad de formas y tamaños, pero en ocasiones resulta difícil para una persona darse cuenta de la importancia que tiene su forma corporal, que es única, a la hora de definir y construir su estilo.

TALLA CORPORAL

Con sus prácticas de tallaje notoriamente poco fiables, los diseñadores no facilitan en absoluto el trabajo a los estilistas. Esta falta de coherencia se halla tan ampliamente extendida que algunas compañías están actualmente ofreciendo servicios de escaneo corporal en sus centros comerciales para ayudar a los clientes a saber cuál es su talla en las diferentes tiendas y para distintas marcas.

Y claro, sería estupendo si pudiéramos simplemente mirar la etiqueta y saber de inmediato si el artículo nos va a estar bien o no, pero por desgracia no existe realmente una talla estándar que utilicen todos los diseñadores. Muchos de ellos se basan en la talla de una *fit model* (modelo de prueba) para determinar las medidas del resto de las prendas. Estas modelos tienen prácticamente las medidas exactas para el tallaje de ese diseñador. De manera que la modelo de prueba de un diseñador puede ser ligeramente más ancha o más estrecha en ciertas áreas que la modelo de prueba de otro diseñador.

La falta de uniformidad en las tallas se debe asimismo a lo que se ha dado en llamar *vanity sizing*, que vendría a ser algo así como «tallas de la vanidad», que no es más que un falseamiento de las tallas. Algunas clientas se preocupan tanto por las tallas que los diseñadores han empezado a reducir la talla nominal y a agrandar la talla real de sus prendas. La práctica del *vanity sizing* es una tendencia moderna, de modo que esta es la razón por la cual, si has dado con un magnífico vestido *vintage*, probablemente deberás buscar una talla bastante mayor que la que utilizas habitualmente.

Al final, la triste realidad es que cada diseñador o firma tiene su propia interpretación de las medidas que corresponden a cada talla. He aquí algún consejo: olvídate de las tallas y céntrate en tu figura corporal. Por ejemplo, es posible que tu mejor amiga y tú tengáis ambas una talla 38, pero ¿te has dado cuenta de que algunos vestidos le sientan mejor a ella y otros te quedan mejor a ti? Esto se debe probablemente a que tenéis figuras corporales distintas.

FIGURA CORPORAL

La elección del estilo más apropiado para tu figura corporal es una de las claves para lograr un *look* perfecto. Algunos expertos en moda son realmente muy concretos en cuanto a figuras corporales, afirmando que existen 12 tipos superespecíficos, que en realidad se corresponden con las cinco figuras corporales básicas: reloj de arena, triángulo invertido, rectángulo, manzana y pera. Para determinar cuál es tu figura corporal , sé honesta contigo misma (¡ninguna figura es mejor que las demás!) y evita elegir una figura basándote en la que querrías tener o en la figura de tu *celebrité* favorita. Sitúate frente al espejo con alguna prenda que se ajuste a tus formas o con tu traje de baño favorito y compara los criterios de cada figura corporal con las formas de tu fabuloso cuerpo.

Una chica con una talla 34 y otra con una talla 54 pueden tener la misma figura corporal, de modo que la elección de la ropa más favorecedora para tu silueta (al realzar ciertas áreas y disimular otras) es una de las maneras más sencillas de sentirte segura con la ropa que llevas. Cuando una prenda te está bien y acompaña a tu figura corporal, no importa que la talla sea una 36 o una 46, porque tú te sentirás segura y estarás guapa.

Una vez que sepas cuál es tu tipología de figura, podrás utilizar esta información para averiguar qué clase de patrones te quedan mejor. Comprueba en las páginas siguientes cada una de las figuras corporales clásicas e identifica aquella que coincide con la tuya en mayor medida. Descubrirás consejos y trucos para deslumbrar con tu figura ¡y puede que te sorprenda conocer a algunas de tus famosas predecesoras!

Los años 40

La moda a través de las décadas

La II Guerra Mundial puso en marcha algunos grandes cambios en el mundo de la moda. En aquellos días las telas y el tiempo de ocio (cuando la gente podía pensar en la ropa) se veían limitados por las necesidades propias de los tiempos de guerra. Esto condujo a la creación de vestidos sencillos y escuetos, con pocos adornos e incluso pocos botones. (Y si incluían adornos, era necesario espaciarlos, dada la escasez de suministros). Las mujeres tuvieron que convertirse también en mano de obra para ocupar los puestos de los hombres que servían en el ejército, lo cual convirtió los trajes rectos, de hombros cuadrados, en un modelo muy popular.

Reloj de arena

Algunas de las mujeres más hermosas de la historia han tenido figura de reloj de arena. Sophia Loren, Brigitte Bardot y Marilyn Monroe compartían todas ellas los elementos característicos de este tipo corporal: busto y caderas pronunciados y cintura estrecha. La figura en reloj de arena se denomina así porque realmente parece un reloj de arena.

. . . .

Un poco de historia. La voluptuosa silueta en forma de reloj de arena causaba furor en los años 50 del siglo pasado, cuando Marilyn Monroe hizo aparición en películas icónicas como *La tentación vive arriba* y *Con faldas y a lo loco*. Y hasta finales de los años 80, la figura de reloj de arena siguió gozando de gran popularidad, gracias a modelos como Cindy Crawford, de pecho y caderas pronunciados, que pasaron a dominar portadas de revistas, vídeos musicales y pasarelas. No fue hasta la década de 1990 cuando la figura de reloj de arena empezó a ceder el paso (y espacio en los medios) a modelos de figura más delgada y rectangular (del tipo de Kate Moss, cuya escuálida figura fue inmortalizada en una serie de legendarios —y controvertidos— anuncios publicitarios de vaqueros de Calvin Klein). En los últimos años los diseñadores han empezado a promover de nuevo la silueta curvilínea, debido en parte quizá al éxito de la serie de la televisión estadounidense *Mad Men*, ambientada en la década de 1960, en la que la curvilínea Christina Hendrick aparece con varios vestidos muy ajustados y faldas de tubo.

Cómo sacarle partido. Los estilos de ropa ceñida son el mejor halago para todas las Kim Kardashian que andan por ahí. La figura de reloj de arena parece estar hecha para llevar vestidos, especialmente para los ajustados en la cintura, pero, si prefieres una opción menos arriesgada, puedes probarte un modelo cruzado. Estos vestidos parecen un gran trozo de tela, pero cuando te los pones, los cruzas y los atas delante, a un lado o atrás, se forma un escote en «V» que realza la cintura y las caderas. Y si el vestido cruzado ofrece demasiado escote, simplemente ponte debajo una camiseta de tirantes de un color sólido.

Será difícil que te equivoques con un vestido, pero definitivamente evita los cortes imperio. Con este patrón el vuelo de la tela arranca justo por debajo de la línea del sujetador, creando una silueta en forma de tienda de campaña y ocultando totalmente tu figura. La falda de tubo es una opción mucho más favorecedora y debe llevarse ajustada en las caderas y con un largo a medida por la rodilla (no a las tallas únicas, por favor), con una blusa metida por dentro.

El reto de la figura de reloj de arena. Para la chica con figura de reloj de arena, encontrar el par perfecto de vaqueros es como conseguir entradas en primera fila para el concierto de tu grupo musical favorito llamando a un programa de radio —no es imposible, pero sin duda necesitas un poco de suerte y perseverancia—. El vaquero corriente suele confeccionarse para una relación cintura-cadera menor, y he aquí el problema: si encuentras un modelo que se ajuste a tu cintura, puede resultarte difícil subirte los pantalones por encima de las caderas y si encuentras un modelo que te quede bien en las caderas, seguramente te quedará ancho en la cintura. Para encontrar la talla correcta, comprueba que apenas puedas meter la mano entre tu trasero y la cinturilla. Busca modelos confeccionados de manera específica para chicas con curvas (pregunta a una empleada de la tienda para encontrar las marcas), ya que hoy en día se fabrican ya muchos vaqueros con más tela en la cadera para que se ajusten a la figura de reloj de arena.

Otras famosas figuras de reloj de arena

Marilyn Monroe
Scarlett Johansson
Kim Kardashian
Salma Hayek

Un buen ejemplo: Kate Winslet
Kate Winslet se hizo famosa por su papel en *Titanic,* pero su postura en relación con la cirugía plástica (se niega a someterse al bisturí o a quitarse arrugas según vaya envejeciendo) la ha convertido en un modelo de mujer de primera. La actriz británica siempre ha aceptado sus curvas, pero sus ajustados atuendos realmente arrasaron en el Festival de Cine de Venecia, al que acudió con un vestido de Stella McCartney que acaparó todos los flashes. El vestido «más ajustado imposible» tenía una simple línea negra que recorría los laterales de arriba abajo y que dibujaba —literalmente— la silueta de un reloj de arena. El vestido se hizo tan popular que incluso chicas más delgadas, como Liv Tyler, se hicieron también con uno de estos modelos, quizá para sentir un poco en sus propias carnes las curvas de Kate Winslet.

Triángulo invertido

Algunas de las modelos más esculturales que brillan en las pasarelas de hoy en día muestran la insólita figura de triángulo invertido. Con hombros anchos y cadera y cintura estrechas, la denominación de «triángulo invertido» refleja exactamente cuál es la silueta de estas mujeres. Los hombros serían la base del triángulo y el resto del cuerpo iría estrechándose hacia la cintura.

Un poco de historia. El triángulo invertido es el tipo corporal más insólito de todos y su carácter exótico fue la razón de su repentina popularidad en la década de 1990, es decir, en los inicios de la era de las supermodelos. Eran los tiempos en los que seis de las más famosas *glamazons*, Naomi Campbell, Linda Evangelista, Claudia Schiffer, Stephanie Seymour y Christy Turlington, miraban al público desde sus esculturales hombros. Sin embargo, a finales de los años 90, cuando parecía que estas modelos iban a adueñarse de la cultura pop, las *celebrities* volvieron a atacar para dominar las portadas de las revistas. En 1998 el número de septiembre de *Vogue* (siempre su número de moda más importante y con más páginas) presentaba en su portada a Renée Zellweger (una actriz con una figura menuda de rectángulo), en lugar de mostrar a una de aquellas supermodelos con figura de triángulo invertido. Esto marcó el final de una era. No obstante, últimamente, figuras de triángulo invertido como Gisele Bündchen, Karolina Kurkova y Carmen Kass están volviendo a poner de moda esta silueta.

Cómo sacarle partido. Para aquellas chicas que quieran equilibrar hombros y caderas, la clave está en encontrar prendas que aparentemente ensanchen su mitad inferior, de modo que busca faldas con vuelo, ajustadas en la cintura y que caigan como una campana. Si, por el contrario, quieres realzar tu anchos hombros, ponte prendas que acentúen tu mitad superior, como un vestido sin tirantes o un top abrochado al cuello y con la espalda al aire. Si tienes un busto generoso, evita las prendas superajustadas en muslos y piernas. Las faldas tubo, los pantalones pitillo y los *shorts* muy cortos pueden componer un *look* demasiado pesado en su parte superior.

El reto de la figura de triángulo invertido. El vestido muy ceñido de la chica con cuerpo reloj de arena es el mayor de los retos para una chica con figura de triángulo, sobre todo a la hora de quitárselo, pero no importa si no puedes usarlo. Para ensanchar visualmente la parte inferior y crear la ilusión óptica de formas más proporcionadas, recurre a modelos ajustados que tengan estampados geométricos de colores: un color sólido en la parte superior y una mitad inferior estampada o con rayas horizontales. Diseños nuevos como la falda-vestido —un vestido de una pieza que parece una falda cosida a un top— también ayudan a realzar esas curvas escondidas.

Otras famosas figuras de triangulo invertido

Lucy Liu
Charlize Theron
Nicole Kidman

Un buen ejemplo: Naomi Campbell
Bautizada por *Vogue* como la reina de las pasarelas, Naomi Campbell sigue activa en el mundo de la moda. Fue descubierta cuando estudiaba ballet en Londres y rápidamente ascendió hasta lo más alto en el mundo de la moda, cobrando cantidades de cinco cifras por aparecer en exhibiciones para grandes diseñadores, como Valentino, Vivienne Westwood, Versace y Alaïa (que incluso se refería a ella como «su musa»). Su figura alta y esbelta, junto con su absoluta desinhibición, ofrecían la mezcla perfecta de actitud y belleza. Y su popularidad no ha decaído en absoluto. Varias décadas después de arrasar por primera vez en las pasarelas de Nueva York, Milán y París, sigue acaparando todas las miradas, es el rostro de grandes campañas publicitarias, como la de Givenchy, y ocasionalmente se deja ver en algún desfile de moda. Cuando no está trabajando sobre la pasarela o ante una cámara, está luciendo sus anchos hombros y su cintura menuda enfundada en favorecedores modelos, como el vestido bordado con los hombros descubiertos, diseño de Alexander McQueen, que lució en la boda real del Príncipe Alberto II de Mónaco y la Princesa Charlene Wittstock.

Rectángulo

Las mujeres con figura corporal rectangular tienen medidas de pecho, cintura y caderas prácticamente iguales. A menudo se hace referencia a esta figura corporal como «de chico», a pesar de que muchas de las actrices y deportistas más conocidas y despampanantes responden a una silueta rectangular.

Un poco de historia. La figura rectangular es una de las más comunes (junto con la forma de pera) en la moda y en la cultura pop. Sin embargo, en los medios de comunicación, esta silueta corporal ocupó un lugar destacado por primera vez en los inicios de la II Guerra Mundial, cuando el gobierno de Estados Unidos tuvo que reclutar a mujeres para que trabajaran en la industria bélica. Como estímulo, el gobierno lanzó una campaña de propaganda del personaje *Rosie the Riveter* (Rosie la remachadora), que se hizo famosa en los años 40 por los carteles en los que se leía «*We Can Do It*» («¡Podemos hacerlo!»). Este personaje tenía un aspecto musculoso y algo andrógino (no muy femenino, como podría ser el tipo reloj de arena, ni masculino, tipo triángulo invertido con hombros anchos).

Cómo sacarle partido. La recta estructura de la figura rectangular queda estupenda simplemente con unos vaqueros y una camiseta ajustada, pero para crear curvas, pruébate una falda de línea en forma de «A» (ajustada en la cintura y con vuelo desde las caderas) o un vestido de corte imperio (ceñido bajo el pecho y con vuelo sobre estómago y piernas). Estos dos estilos crean la impresión de la existencia de curvas. Pero recuerda una regla válida para cualquier figura corporal: si el modelo es superajustado (como un vestido muy pegado al cuerpo), entonces será mejor que evites prendas demasiado cortas o con un profundo escote. Las figuras rectangulares deben también evitar, en general, los modelos sueltos como los tops tipo túnica, que aumentan la sensación de ausencia de curvas.

El reto de la figura rectangular. Un vestido muy ceñido favorece a la mayoría de las siluetas rectangulares, pero puede hacer que alguna chica se sienta como si no tuviera curvas. Los vestidos-tubo llegan a menudo hasta la mitad del muslo o justo por encima de la rodilla y, como ocurre con la figura rectangular, su patrón es estrecho y vertical. Por todo ello los vestidos-tubo pueden ser todo un reto para una chica de figura rectangular que desee realzar sus curvas, aunque tampoco son imposibles. La clave está en elegir un modelo con estampado, como lunares o flores, que añadirá de forma natural movimiento a la figura. Otra opción consiste en ponerte un cinturón para romper la verticalidad. Y, si es posible, elige vestidos-tubo con aplicaciones, como pedrería en el escote o flecos en el dobladillo, para de esta manera atraer la atención hacia un área concreta de tu cuerpo y no hacia esa línea recta de tu figura.

Un buen ejemplo: Paris Hilton
Heredera millonaria, actriz y modelo, Paris Hilton posee la figura corporal rectangular descrita —piernas largas y medidas prácticamente equivalentes de hombros, cintura y caderas—. Basa su *look* en modelos como maxivestidos playeros sin tirantes (¡perfectos para barbacoas!) y vestidos de tirantes finos de línea en «A», como el que lució en una ocasión en la inauguración de una tienda de moda de un diseñador. Estos dos modelos potencian la impresión de curvas en cintura y caderas. Y cuando sale enfundada en modelos muy ceñidos, elige prendas que sugieran algo más. En una fiesta para la presentación de su *reality show* para la televisión estadounidense, Paris Hilton lució un vestido hasta la rodilla y superceñido, con delicadas líneas horizontales (para crear curvas en la cadera) y rayas diagonales blancas y rosas en el pecho.

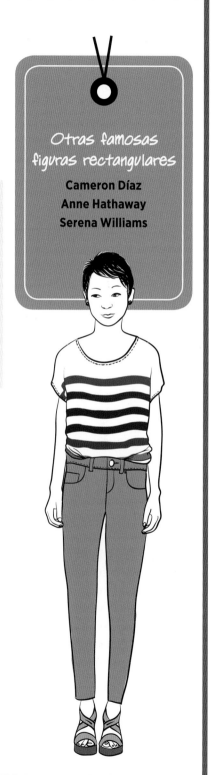

Otras famosas figuras rectangulares

Cameron Díaz
Anne Hathaway
Serena Williams

Manzana

Con más volumen en la parte media, pero con muslos delgados y unos bonitos hombros anchos, la figura de manzana queda bien con prendas que desvían la atención de esta parte media, como vestidos de corte imperio. Mediante el uso de escotes interesantes o elementos en los hombros, que atraerán la vista hacia la parte superior de tu cuerpo (mangas casquillo y escotes corazón), y la elección de colores que desvíen las miradas hacia tus piernas y brazos, la figura de manzana puede resultar muy equilibrada.

Un poco de historia. La chica con figura de manzana ha sido idolatrada a lo largo de la historia por algunas de las artistas más famosas, como el pintor flamenco Rubens. Su cuadro al óleo *Las tres Gracias*, que data de 1639, muestra a tres mujeres con figura de manzana como diosas mitológicas. Algunas mujeres se llaman a sí mismas «Gracias de Rubens» cuando se refieren a su silueta corporal.

Cómo sacarle partido. Las mujeres con figura de manzana son conscientes de que tienen unas piernas y unos hombros bonitos y de que les queda bien cualquier cosa que atraiga la atención hacia la parte superior de su cuerpo o hacia la inferior (faldas hasta la mitad del muslo con tacones o tops con escotes interesantes son siempre buenas opciones). Las figuras de manzana con más volumen en la parte media del cuerpo o en el pecho deben prestar especial atención a la ubicación de los botones en las blusas. Debes asegurarte de que puedes abrocharte los botones fácilmente, de manera que la tela no tire; de lo contrario, todas las miradas recaerán en tu estómago. De igual modo la tela que cae sobre el estómago no debe quedar visiblemente tirante ni suelta (intenta encontrar la talla que te esté bien, ni demasiado apretada ni demasiado holgada). Las chicas con figura de manzana deben pensar también en un buen sujetador. Un modelo adecuado no solo te hará un pecho más bonito, sino que evitará desagradables pliegues en la espalda, sobre la línea del sujetador (un consejo aplicable a cualquier silueta corporal).

El reto de la figura de manzana. Los cuerpos con forma de manzana quedan magníficos enfundados en unos vaqueros pitillo, con tops sin tirantes y con vestidos de línea en «A», aunque las telas de punto (que se utilizan para los vestidos cruzados) hacen que las pendas fabricadas con ellas les resulten difíciles de llevar. En general, las telas de punto se pegan al cuerpo y el estómago no es un área que las chicas con figura de manzana quieran precisamente realzar. El estilo cruzado suele favorecer a la figura de manzana; sin embargo, la tela de punto que se utiliza para confeccionarlos es el elemento que a menudo plantea problemas. Para encontrar el perfecto término medio, busca una tela de punto con mucho peso (estas telas tienen diferentes grosores) y escoge un modelo con detalle de recogido en la parte delantera. Se trata de una técnica de costura consistente en recoger la tela en un nudo o frunce frontal, en el centro, justo debajo del pecho, para despegar así ligeramente el tejido del estómago.

Un buen ejemplo: Quenn Latifah
Es rapera, reconocida actriz y chica con figura de manzana que sabe sacar partido a su atractivo cuerpo. A menudo aparece en las fotografías con escotes de corazón y palabra de honor, detalles que atraen la atención hacia sus anchos hombros, su área clavicular y su resplandeciente piel. Cuando se trata de recorrer la alfombra roja, tiende a la sencillez y evita los estampados, recurriendo a colores sólidos y ya contrastados. Para redondear su *look,* utiliza a menudo accesorios llamativos, como algún chal para complementar su vestido o un collar anudado al cuello.

Otras famosas
figuras de manzana

Drew Marrymore
Tyra Banks
Oprah

Pera

¿Piensas que tienes figura de pera? Mira a tu alrededor y verás que no estás sola. La silueta de pera es una de las figuras corporales más comunes (y populares) entre las mujeres. Se caracteriza por una mitad superior menuda, con hombros estrechos y cintura también pequeña, mientras que los muslos y el trasero se llevan la mayor parte del peso de la figura.

. . . .

Un poco de historia. Como su hermana la figura de manzana, la chica pera es más ancha de trasero y caderas, y también de piernas —lo cual no significa necesariamente que presente sobrepeso en estas áreas—. Distintos investigadores han observado que si una chica con figura de pera pierde peso, sigue siendo una chica con figura de pera (aunque más pequeña), ya que la estructura del cuerpo no se puede cambiar. Ocurre que el peso tiende a acumularse en esas áreas en lugar de en el estómago (como ocurre, en cambio, en las chicas manzana).

Cómo sacarle partido. A las chicas con figura de pera les sientan bien, sobre todo, las faldas con vuelo y los vestidos en «A» que no se pegan a las caderas. Las siluetas corporales de pera deben siempre realzar su mitad superior con escotes que llamen la atención —estamos hablando de escotes en «V»—, cuellos de barco, escotes corazón y mangas casquillo. Unos ligeros adornos alrededor del cuello y accesorios como pendientes largos y bolsos de gran tamaño pueden también ayudar a atraer la atención hacia tus mayores valores. Los modelos de vestido ideales para la figura de pera van de los cortes imperio a los vestidos cruzados, que se ajustan en la cintura y caen algo más sueltos sobre caderas y muslos.

El reto de la figura de pera. Las chicas con esta figura pueden considerarse afortunadas, pues tienen una bonita cintura y una parte superior del cuerpo menuda. Sin embargo, el reto para sus caderas y muslos, más anchos, puede ser encontrar unos *shorts* que les queden bien y les favorezcan. Abstente de *shorts* supercortos y, en su lugar, compra unos pantalones por la mitad del muslo, siempre favorecedores. Y si eres alta, definitivamente prueba unos pantalones bermudas hasta la rodilla: es un *look* más vestido y que no acentúa la parte superior de los muslos ni el área de las caderas. Sin embargo, las chicas bajitas con figura de pera o con piernas cortas deben evitar este tipo de pantalones por la rodilla, porque dan la impresión de cortar las piernas por la mitad, cuando el objetivo ha de ser siempre alargar las piernas.

Un buen ejemplo: Kristin Davis
En el papel como Charlotte York en la serie de éxito *Sexo en Nueva York,* la preciosa actriz de cabello castaño Kristin Davis aparecía siempre impecablemente arreglada (gracias a un poco de ayuda profesional), pero cuando no se encuentra ante las cámaras también sabe cómo sacar el mayor partido a su figura corporal. Una y otra vez aparece en las páginas de las revistas con favorecedores vestidos y faldas trapecio y nunca lo hace sin algún adorno que atraiga las miradas hacia la menuda estructura de la parte superior de su cuerpo (volantes, tops atados al cuello y modelos con hombros al aire).

Otras famosas
figuras de pera

Jennifer Lopez
Sandra Bullock
Kelly Clarkson

TONOS DE PIEL, ROPA Y COLORES

Ahora que ya has identificado tu figura corporal y sabes qué tipo de ropa debes ponerte para realzar esa figura, ha llegado el momento de elegir los colores adecuados. Hay cosas de ti que es bastante difícil cambiar (quieras o no), como tu figura corporal y tu tono de piel. De manera que, para sacar partido a esas características tan tuyas, deberás aprender a utilizar ciertos colores, que colocados de forma correcta, realmente pueden hacer que resplandezcas.

Color y figura corporal

¿Te ha ocurrido alguna vez que has entrado en una habitación y te han sentido inmediatamente cautivada por un color, bien sea el rojo cereza de la pared, el morado de un ramo de tulipanes o el verde vivo del helecho del rincón? Este mismo elemento de atracción visual puede utilizarse para realzar tus mejores rasgos y las partes de tu cuerpo que más te gustan.

La idea es bastante sencilla: cuanto más pronunciado (vivo, intenso y llamativo) sea un color, más atención atraerá, mientras que los colores oscuros y neutros como el negro, el marrón, el beige, el tostado y el crema tienden a restar protagonismo a las áreas que cubren.

- **Reloj de arena**. Las curvas de tus caderas conforman una cintura estrecha, que el color puede ayudar a acentuar. Pruébate un vestido de un color sólido oscuro (negro, marrón o azul marino) con un cinturón ancho de un color vivo y contrastante, como un rojo carmín o un blanco papel.
- **Triángulo invertido**. Para equilibrar tus hombros anchos en relación con tus caderas estrechas, ponte colores vivos de cintura para abajo. Una falda amarillo girasol queda estupenda prácticamente con cualquier camiseta sin mangas (la rueda de colores te dará ideas sobre los tonos que pueden favorecerte más).
- **Rectángulo**. El color puede ayudar a crear visualmente curvas en tu cuerpo de forma rectangular. Prueba líneas horizontales gruesas en colores contrastantes y después añade un chaleco de un negro sólido con cuello en «V» para crear la ilusión de más formas.
- **Manzana**. Las chicas con figura de manzana suelen tener las piernas largas. Atrae las miradas hacia ellas con *leggings* de colores vivos (magenta, verde azulado o fucsia) bajo una túnica gris sólido o un vestido cruzado azul marino.
- **Pera**. Para atraer las miradas hacia arriba, donde se encuentran tus mayores valores, utiliza una vez más colores contrastantes. Con pantalones largos o cortos o con una falda en negro, un color contrastante (por ejemplo, blanco)

atraerá automáticamente las miradas hacia arriba, como si iluminaras con un foco justo la parte que deseas que la gente mire (ya puedes decir: «¡patata!»).

Colores para tu tono de piel

¿Te ha dicho alguien alguna vez que un determinado color te queda estupendo? ¿O te ha confesado tu madre que ella «ya no puede ponerse» un determinado color? Tu cutis y tu tono de piel son los elementos que has de tener en cuenta a la hora de determinar los denominados colores personales (que son sencillamente los tonos que te quedan especialmente bien). Algunas mujeres clasifican sus colores personales en función de las cuatro estaciones —primavera, verano, otoño e invierno—, pero las categorías de colores fríos y cálidos son también eficaces.

Tus colores personales en la ropa deben contribuir a realzar el color de tu cabello, hacer que tu piel resplandezca y que tus ojos resalten. Pero si el color adecuado puede favorecer tu aspecto, el color equivocado puede hacer que parezcas agotada y pálida y dotarte de un aspecto nada saludable.

De modo que, a la hora de elegir tus colores, el primer paso ha de consistir en determinar si tu matiz de piel es por naturaleza cálido o frío. Para conseguirlo, mírate en el espejo sin maquillaje. Abre las persianas para que entre en la habitación la mayor cantidad posible de luz natural o sal fuera con un espejo de mano. Si es posible, retírate el cabello hacia atrás, de modo que el color de tu pelo no interfiera, y ponte un top neutro y sencillo.

No importa las prisas que tengas o que luzcas un reciente moreno primaveral, los subtonos del color de piel son visibles y, en general, pueden clasificarse en la categoría de fríos o calientes. Las chicas con un matiz de piel cálido tienen subtonos amarillos, melocotón o naranjas, mientras que las chicas con un matiz de piel frío tienen subtonos rosas, violetas o incluso suavemente azules.
La elección de prendas (y de maquillaje) en colores que pertenezcan a la misma categoría que el subtono de tu piel te ayudará a realzar tu tez y, en general, te favorecerá.

Colores personales cálidos
Naranja mandarina
Marrón chocolate oscuro
Marfil crema
Verde-amarillo campo
Rojo anaranjado

Colores personales fríos
Blanco nieve
Verde-azulado océano
Rosa algodón de azúcar
Negro azabache
Lavanda

Color y superconfianza

Los colores influyen en tu estado de ánimo general. ¿Quieres sentirte segura en esa primera cita? Colores intensos como el naranja y el fucsia pueden dar vida a tu *look* y armarte de una renovada confianza. Además, a diferencia de los tonos pastel, las variaciones de estos colores favorecen a la mayoría de los tonos de piel. Utiliza estos colores para una prenda; por ejemplo, para unos pantalones pitillo o pata un top sin mangas. Pero si te atreves con el color para un vestido o para un conjunto completo, combínalo con accesorios apagados, como zapatos tostados o grises y un cinturón neutro.

Empieza con buen pie (o buena pierna o buen cuello)

¿Las clases de surf de todas las mañanas te han esculpido unos hombros y una espalda estilo Cameron Diaz? ¿O tus días en el equipo de atletismo te dotaron de unas piernas supertonificadas? Toda mujer tiene una parte de su cuerpo de la que se siente más orgullosa. Si te cuesta pensar en cuál es, en tu caso, esa parte del cuerpo, pregunta a una buena amiga, y después ilúcela!

Si tu punto fuerte está en:

- **El cuello.** Te habrás dado cuenta en algunas memorables escenas de cine de que hay pocas cosas más elegantes que un cuello esbelto. De modo que pruébate un vestido camisero; estos vestidos se basan en sencillos diseños y pueden complementarse con un cinturón en la parte más estrecha de la cintura, favoreciendo a la mayoría de los tipos corporales.
- **Los hombros y la espalda.** Si tienes una bonita figura, pruébate un top abrochado al cuello. Con un cuello subido y la espalda al descubierto, tus hombros desnudos causarán sensación.
- **Las piernas.** Unas bonitas piernas siempre causan buena impresión, y ¡hay que dejarlas hablar por sí mismas! De manera que opta por alguna prenda que las deje al descubierto, como shorts, faldas y vestidos. Si tienes unas piernas musculadas (¡afortunada!), evita los pantalones pitillo o los *leggings,* que no realzan la excelente definición de tus piernas y pueden hacer que parezcan más gruesas de lo que en realidad son.

MIRA HACIA DELANTE

Todo cuanto has aprendido en la Parte I de este libro ha sentado las bases para la Parte II, en la que empezarás a desarrollar tu propio estilo único y a aplicarlo. Una vez identificados tu figura corporal, tus mayores valores y tus colores personales, ya tienes todos los ingredientes que necesitas para crear una tonelada de increíbles recetas de moda. Un buen comienzo puede ser el de buscar inspiración en tu musa de estilo, en la moda del pasado y en todas las celebridades, estrellas del diseño e iconos de la moda, pero ¡ahora tienes que trabajar duro y crear estilo!

Acción Fashion
Encuentra musa para tu figura corporal

Ahora que has identificado tu tipo de figura corporal ¡tienes que encontrar una musa en la que inspirarte para nuevas ideas! Muchos fotógrafos, diseñadores y artistas han confiado en musas como inspiración para su trabajo tanto que, un año, el Metropolitan Museum of Art presentó The Model as Muse: Embodying Fahion (La modelo como musa: la encarnación de la moda) en su exposición anual de primavera. La exposición se centraba en el hecho de que ciertas musas (modelos en este caso) han modelado la definición de belleza en el mundo.

Para dar con tu propia musa para tu figura corporal, sigue estos tres sencillos pasos.

1

Haz una lista de tres personas que tengan una figura corporal similar a la tuya Llamaremos a estas personas tus musas potenciales. Esta lista puede incluir a cualquiera —tu hermana, tu mejor amiga o tu famosa preferida—. Asegúrate solo de que la persona en cuestión tiene la misma silueta que tú (aunque no tiene que tener necesariamente tu misma talla).

2

Crea un *collage* de cada persona con recorte de revistas, fotografías o dibujos hechos por ti de las prendas que más te gustan de ella. Si tu musa potencial es una *celebrity,* haz una búsqueda en Internet de su nombre para encontrar *looks* recientes con los que haya sido fotografiada, y elige solo los mejores. Si tu musa potencial es alguien que conoces, pídele que te deje echar un vistazo a su armario y busca las prendas que mejor le quedan.

3

Una vez realizados los tres *collages,* pregúntate a ti misma por cuál te sientes más atraída. Puede ser un *collage* que incorpora un estilo concreto que te gusta especialmente, como el de surfera, el de chica *glam* o el *preppy.* O quizá sea un tipo de ropa hacia el cual sientes inclinación, como vestidos o vaqueros. Abre tu mente y, si te gusta, ¡adelante con él!

El *collage* que elijas representará a tu musa de figura corporal. Te sientes atraída por esa persona por alguna razón. Usa su sentido del estilo y la ropa que lleva para inspirarte en la elección de las prendas de tu propio vestuario. Y no te preocupes ahora por las sutilezas: a veces lo más fácil es ser meridianamente claro (o te queda bien o no). No todo lo que se pone tu musa triunfa, pero usa sus mejores *looks* para que te resulte más fácil elegir conjuntos, ¡que te quedarán estupendamente también a ti!

Parte II:
El estilo te pone
a trabajar

El estilismo puede ser como la magia y, ahora que conoces las reglas básicas y sabes cómo aprovechar tus mayores valores, deberías tener una bolsa llena de trucos a los que recurrir cuando te vistes cada mañana. (¡Piensa en ti misma como en una maga del estilismo que tiene el poder de convertir en oro hasta la basura!)

Pero una cosa es saber qué tipo de *look* deseas y otra muy distinta crear ese *look* en el mundo real. Y si saber lo que quieres es parte esencial del estilismo, el momento de creación de tu imagen es aquel en el que entra en juego el trabajo difícil. Componer un vestuario, construir y deconstruir varias piezas y editar constantemente (¡constantemente!) nuevas opciones es lo que genera estilo en el mundo real. En esta Parte II aprenderás a crear una imagen tan única como tú.

CAPÍTULO 5

Ocúpate de tu armario

Antes de empezar a crear tu propia imagen debes hacer inventario de lo que ya tienes. La mejor manera de realizar esta labor consiste en actuar con tu armario como si fueses un conservador de museo. Los conservadores de los museos las personas responsables de la organización de todos los elementos de una colección, tanto si se trata de una exposición de sarcófagos egipcios como de la colección de álbumes ganadores de premios en el Salón de la Fama del Rock and Roll, de Cleveland saben perfectamente con qué piezas cuenta ya la exposición, cuáles de estas piezas convienen (y cuáles no) y dónde encontrar material novedoso que aporte algo a la colección.

Estas habilidades propias de un conservador museístico son imprescindibles para hacer inventario de tus necesidades en cuanto a estilismo y para adquirir nuevas «obras», o piezas de vestuario, que completarán tu guardarropa y harán que tus decisiones diarias en materia de vestuario sean más fáciles y provechosas.

HAZ INVENTARIO

El primer paso de un conservador, o conservadora, consiste en estudiar lo que tiene en sus manos. ¿Tienes nueve vestidos de algodón estampados en tonos pastel que todas las primaveras dices que te pondrás pero que en realidad nunca te pones? ¿Tienes colgadas 11 versiones de vaqueros *bootcut* por si alguna vez te da por montar a caballo? ¿O tienes cinco vestidos negros de cóctel, porque todos son distintos? Tienes que empezar a pensar como un conservador de museo. En una colección (tu vestuario) existe un espacio limitado (tu armario) disponible para todas las piezas (tu ropa). Cada una de las prendas que almacenas, pero que no utilizas, ocupa un valioso espacio ¡y ha llegado el momento de establecer prioridades!

CADA PRENDA TIENE SU MOMENTO

Cualquier buen conservador de museo sabe lo importante que es rotar las exposiciones. Haz lo mismo con tu armario y planifica una limpieza en caso necesario. Tú eres quien mejor conoces tu armario, pero si vives en un clima cálido o templado será una buena idea revisar tus opciones tres veces al año —al inicio del curso escolar—, en Año Nuevo y cuando comience el verano. En áreas con inviernos duros, como las ciudades de la Costa Este de Estados Unidos, la pauta más apropiada consiste en dos limpiezas generales al año: una en octubre, para hacer sitio a las *parkas* y anoraks de plumas, y otra en abril, para adaptar tu vestuario a temperaturas más cálidas.

Sea cual sea la fecha que elijas, la limpieza anual te ayudará a hacer sitio para nuevas prendas más apropiadas para la estación siguiente. Para la primera revisión de un armario, planifica un poco más de tiempo (quizá incluso un par de tardes). Las siguientes limpiezas que realices a lo largo del año podrán llevarte solo una tarde.

LA PRIMERA LIMPIEZA

Tu vestuario debe ser como una exposición especial de un conservador de museo: un conjunto cuidadosamente escogido de elementos relevantes e interesantes. Si no sientes ninguna emoción cuando abres tu armario, definitivamente ha llegado el momento de una limpieza general. Y no te preocupes: revisar tu vestuario solo significa que vas a elegir para su presentación algunas de tus prendas favoritas; no significa que vayas a montar una liquidación. No debes deshacerte a lo loco de prendas de tu armario. (De modo que, antes de tirar ese viejo blusón de playa, debes considerar si todavía puede servirte con unos *leggings* y una camiseta sin mangas cuando salgas con las amigas a tomar algo por la mañana.)

Lo realmente positivo de revisar tu vestuario es que, cuando hayas tomado las decisiones más difíciles y hayas hecho hueco en tu armario, tendrás una visión cristalina de los agujeros (carencias) de tu guardarropa y ¡podrás empezar a llenarlos!

¿Lista para emprender la primera limpieza? Ha llegado el momento de cerrar la puerta de tu dormitorio, porque antes de limpiar tendrás que desordenarlo todo y seguramente el espectáculo será tremendo. Tu habitación llegará a tener un aspecto tan desastroso como el dormitorio de un *reality show*, pero el resultado final —un armario perfectamente ordenado— te hará pensar que ha merecido la pena. En esta primera limpieza debes poner cada prenda de tu vestuario (¡y los zapatos!) en uno de los siguientes cuatro montones: Tirar, Dar, Vender o Guardar, tal y como se describe a continuación.

Tirar

Este montón probablemente será el más pequeño, y debe incluir solo prendas con algún defecto importante, como agujeros que no puedan remendarse fácilmente o manchas que se han asentado ya de forma permanente. En cuanto hayas hecho este montón, mete las prendas en una bolsa y busca un punto de reciclaje en tu barrio.

Dar

Tu montón para dar debe consistir fundamentalmente en prendas en buen estado, aunque no excelente, y que sean básicas para el vestir diario —cosas como camisetas, pijamas y zapatos antiguos que ya no te pones—. Podrás donar estos elementos a una tienda de segunda mano, donde tendrán una segunda vida y, si vas al lugar adecuado, destinarán los beneficios de su venta a alguna organización benéfica. (Más información sobre las tiendas de segunda mano con fines benéficos en el Capítulo 6.)

Vender

Todo lo que hayas reunido en este montón debe estar en buen estado y, para no tener que andar cargando con ropa de casa a la tienda de segunda mano y luego de vuelta a casa, debes ser honesta contigo misma y reflexionar sobre si realmente existe la posibilidad de que otras personas estén dispuestas a pagar por aquello de lo que tú quieres deshacerte (por ejemplo, tratar de vender prendas de una moda extravagante de hace tres años probablemente no sea una buena idea). El objetivo de este montón es dejarlo en depósito en una tienda de segunda mano donde se vende ropa a bajo precio. En este tipo de tiendas, que cuentan con gran aceptación en Estados Unidos, el vendedor (en este caso tú) y el propietario de la tienda os repartiréis el dinero obtenido con la venta. (Más información sobre tiendas de venta de ropa en depósito en el Capítulo 6.)

División del espacio

Compartir armario con una compañera de piso o una hermana es tan divertido como que te aprieten el aparato de los dientes, pero si hay que hacerlo, hay que hacerlo. He aquí tres consejos para superar esta situación.

1. **Divide el espacio.** Asigna a cada persona exactamente el 50 por ciento del armario. Una persona puede establecer la línea divisoria y la otra puede elegir qué lado prefiere.
2. **Las dos partes nunca se juntarán.** Una vez elegidos los dos lados, no empieces a dejar tu ropa desparramada por el territorio de la otra persona. Si no tienes espacio suficiente en tu lado, tendrás que realizar una limpieza de tu parte de armario para hacer más sitio.
3. **Co-co.** Si tienes el gen de compartir (si lo tienes, lo sabrás), considera la posibilidad de destinar un espacio a artículos que ambas podáis utilizar: bolsos, cinturones, bufandas y chaquetas. Solo asegúrate previamente de que las dos estáis de acuerdo en las prendas concretas que deseáis compartir.

Guardar

No te preocupes si este montón empieza a ser el más grande, ya que se trata de algo natural. Incluirá todos los elementos que realmente quieres conservar —como ese increíble cinturón con tachones o el vestido de punto que te regalaron por tu cumpleaños— junto con todas esas prendas que no encajan en los montones de Dar, Tirar ni Vender. Pero aunque este montón empiece a ser el más abultado, trabajaremos para reducirlo hasta que incluya solo las prendas esenciales.

Escoge un montón

A veces resulta difícil decidir si un artículo ha de ir al montón de Vender o al de Guardar. Si te sucede, hazte la siguiente pregunta: si alguien te ofreciera dinero por ese artículo, ¿aceptarías el trato? Si la respuesta es sí, pon la prenda en el montón de Vender e intenta venderlo a un precio con el que te sientas cómoda (hablaremos algo más sobre la venta de tu ropa en el capítulo 6). Y si no puedes venderla, siempre podrás trasladarla de nuevo al montón de Guardar.

CUBRE TUS BÁSICOS DE MODA

En el momento en el que tengas todo tu vestuario repartido entre los cuatro montones empezará realmente el trabajo. Con los montones de Dar, Tirar y Vender podrás entrar inmediatamente en acción (reciclándolos, tirándolos o vendiéndolos en una tienda de venta en depósito). Comprométete a completar estos pasos en 72 horas, pues de lo contrario podrías no llegar a hacerlo nunca.

A continuación, céntrate en tu montón de Guardar. Escoge tus 10 artículos preferidos de esta pila y cuélgalos de nuevo en tu armario: la consideraremos tu lista segura. Estas diez prendas gozan de protección garantizada, pero todo lo demás está en juego. Del mismo modo que un conservador de museo crea un catálogo de toda una colección, tú ahora deberás realizar inventario del resto de piezas de tu vestuario, de modo que tengas una idea mucho más exacta de cuántos artículos de cada tipo de vestuario tienes en realidad.

Compara tu inventario con las sugerencias que te proponemos a continuación. Si las cantidades no encajan, o si instintivamente ya sabes que tienes demasiada ropa, considera la posibilidad de trasladar algunas prendas al montón de Dar o de Vender. De esta manera harás más sitio en tu armario, dispondrás de un dinero extra y te centrarás más en tu colección (algo que, además, te ayudará cuando te vistas por la mañana). Dicho esto, si quieres tener unos cuantos pares más de vaqueros de los recomendados, ¡estupendo! —siempre y cuando hayas encontrado una buena razón para ello— (por ejemplo, que los vaqueros estén en excelente estado o que te los pongas muchísimo o simplemente que no estés aún preparada para separarte de ellos). Solo debes estar segura de que todo cuanto está en tu armario está ahí por alguna razón.

Vaqueros

➡ **Por qué son importantes**. Sencillamente, porque el conjunto vaqueros-camiseta es atemporal.

➡ **Cantidad que necesitas**. El número de vaqueros de tu armario debe ser equivalente a la media de veces que te pones vaqueros a la semana, aunque deberás tener al menos un par.

➡ **Si solo puedes tener uno**. Opta por unos *denim* oscuros.

➡ **Populares entre**. Chicas Hipster, Tomboy y Bohemias.

Pantalones de vestir

➡ **Por qué son importantes**. Siempre debes tener un par de pantalones de vestir disponibles para una entrevista para un trabajo en formación o para un trabajo después de las clases.

➡ **Cantidad que necesitas**. Tres pares.

➡ **Si solo puedes tener uno**. Que sea de un color sólido.

➡ **Populares entre**. Chicas Preppy.

Blusas

➡ **Por qué son importantes**. Las blusas son perfectas para «otorgar clase a un conjunto» y complementar de forma adecuada unos pantalones de vestir o una falda para entrevistas, cenas con amigos o para una fecha señalada.

➡ **Cantidad que necesitas**. Por lo menos cuatro. Piensa en la frecuencia con la que te pones una de estas partes superiores de vestir en un mes normal. Si la respuesta es «más de cuatro», entonces conserva las que realmente te pongas, aunque sean muchas. Por ejemplo, si el último mes te pusiste tops de vestir más de seis veces, debes tener seis tops —pero no más—. Si el número está por debajo de cuatro, conserva cuatro tops: de esta manera dispondrás de cierta variedad, sin llegar a abarrotar tu armario.

➡ **Si solo puedes tener uno**. Escoge uno neutro.

➡ **Populares entre**. Chicas Bohemias, Glam y *Socialités*.

Pantalones cortos y faldas informales

➡ **Por qué son importantes**. Estos básicos informales son esenciales para salir con los amigos, estar en casa, o simplemente para ir mona a clase (siempre y cuando no sea obligatorio el uniforme).

➡ **Cantidad que necesitas**. Es variable. Piensa en la última semana de tiempo caluroso. Cuenta el número de faldas informales y *shorts* que tienes y compáralo con el número de veces que te pusiste estas prendas a lo largo de esa semana.

➡ **Si solo puedes tener uno**. Elige una falda que destaque, porque unos pantalones informales pueden hacer el mismo papel que el modelo más básico. Una falda con personalidad puede ser tu alternativa estilosa.

➡ **Populares entre**. Chicas Preppy, Glam y Country.

Vestidos de fiesta

➡ **Por qué son importantes**. Fechas señaladas, bodas y bailes de instituto piden algo de este estilo.

➡ **Cantidad que necesitas**. Cuatro —dos vestidos negros de cóctel—, un vestido estampado y otro de un color sólido (que no sea negro).

➡️ **Si solo puedes tener uno**. Quédate con el vestido negro de cóctel.

➡️ **Populares entre**. Chicas Glam y Socialités.

Vestidos informales

➡️ **Por qué son importantes**. Los vestidos informales son una opción sencilla de vestuario (con ellos no tienes que preocuparte por combinar una parte superior con una inferior y puedes ponértelos en muy diversas ocasiones).

➡️ **Cantidad que necesitas**. Cuatro. Prueba y elige cuatro vestidos con diferentes cortes y telas, de modo que cada uno de ellos destaque por sí mismo. Por ejemplo: si todos tus vestidos son de algodón con tirantes finos y estampados de flores, reconsidera tu elección.

➡️ **Si solo puedes tener uno**. Que sea de algodón y de un color sólido.

➡️ **Populares entre**. Chicas Surferas, Bohemias y Country.

Camisetas

➡️ **Por qué son importantes**. A veces la elección más sencilla es la elección correcta.

➡️ **Cantidad que necesitas**. En torno a cinco. Aquí es donde debería producirse un movimiento algo más serio. Si cuentas el número de camisetas que tienes en el armario (no te olvides de las que guardas en los cajones), probablemente te quedarás impresionada. Las camisetas suelen ser el regalo por antonomasia, ya se trate de la despedida de la temporada del equipo de fútbol o de la media maratón benéfica en la que competiste el pasado mes de mayo. La mayor parte de estas camisetas terminan completando pantalones de pijama. Si este es tu caso, estaría bien que tuvieras el mismo número de camisetas que la media de días que pasan entre una lavadora y la siguiente.

➡️ **Si solo puedes tener una**. Mejor para ti.

➡️ **Populares entre**. Chicas Punk, Deportivas, Grunge y Tomboy.

Haz sitio para tus cosas

Si no te queda sitio en el armario, no te inquietes. Puedes crear un montón de espacio adicional gracias a una serie de sencillas maniobras.

1. Añade un organizador de zapatos por debajo de la ropa colgada. Además de servirte para tener recogidos tu amasijo de zapatos de tacón y de aprovechar mejor el espacio, esta medida te ayudará a tener tu calzado organizado y en un mismo lugar.

2. Añade un colgador para cinturones en la cara interior de la puerta del armario o en una pared de este. Y no limites el espacio solo a los cinturones —bolsos, gorros, bufandas y collares también pueden compartir espacio—.

3. Si tu armario es lo suficientemente amplio, considera la posibilidad de añadir una cajonera para prendas que ocupan espacio colgadas, como las camisetas.

4. Presta atención al tipo de perchas que utilizas. La mayoría de tiendas y departamentos del hogar de grandes almacenes venden perchas especialmente pensadas para que ocupen poco espacio.

5. Saca la ropa de abrigo de invierno. Estas y otras prendas voluminosas ocupan demasiado sitio en el armario. Guárdalas en un armario en el garaje o en una caja baja de plástico bajo la cama.

Ropa deportiva

➡ **Por qué es importante**. Hace que estés guapa también cuando realizas alguna actividad física.

➡ **Cantidad que necesitas**. Depende. Se trata de otra categoría complicada, en la que realmente has de evaluar tu estilo de vida. Si te pones conjuntos deportivos fuera del gimnasio —por ejemplo, para pasear al perro o para hacer recados—, evidentemente deberás tener más prendas de este tipo que otras personas. De modo que aplica la siguiente regla: si no te lo has puesto en seis meses, tiene que desaparecer.

➡ **Si solo puedes tener uno**. Escoge un sencillo conjunto de pantalón negro y camiseta de tirante ancho.

➡ **Popular entre**. Chicas deportivas.

Ropa de abrigo

➡ **Por qué es importante**. Porque cuando hace frío, ¡hace frío! No hace falta decir más.

➡ **Cantidad qué necesitas**. Depende de dónde vivas. Si resides en una localidad de clima cálido probablemente te bastará con tener una prenda de abrigo, pero las chicas de climas fríos tienen al menos cinco modelos. (De lo contrario el invierno puede resultar muy aburrido).

➡ **Si solo puedes tener uno**. Conserva esa chaqueta negra cruzada de solapas grandes.

➡ **Popular entre**. Chicas Preppy (¡y entre quienes están siempre subiendo la calefacción!).

Calzado

➡ Tienes que protegerte los pies, de modo que ¿por qué no hacerlo con estilo? Merceditas, de plataforma, de esparto o sandalias de gladiador son opciones de moda que quedan bien prácticamente con cualquier conjunto.

➡ **Cantidad que necesitas**. Cuatro pares —aparte del calzado deportivo que puedas necesitar— (véase página 62).

➡ **Si solo puedes tener uno**. Ve a por todas: ponte plataformas.

➡ **Popular entre**. Todos los humanos no voladores.

Un toque de lunares

➡ **Por qué son importantes**. Simplemente porque son divertidos.

➡ **Cantidad que necesitas**. Uno (un artículo de lunares, no un lunar).

➡ **Si solo puedes tener uno**. Has llegado a la cuota permitida.

➡ **Popular entre**. Chicas Preppy, Glam, Hipster y Socialité.

Algo con estampado de leopardo

➡ **Por qué es importante**. El estampado de leopardo añade un poco de entusiasmo a cualquier atuendo. Puedes realzar un negro de la cabeza a los pies con un cinturón o unos tacones de leopardo y si tienes un abrigo de leopardo, no renuncies a él.

➡ **Cantidad que necesitas**. Tres piezas —en el mejor de los casos, tendrás una blusa, un accesorio y un abrigo—.

➡ **Si solo puedes tener uno**. Escoge un accesorio con estampado de leopardo.

➡ **Popular entre**. Chicas Góticas, Punk, Hipster, Socialité y Glam.

Vestido de línea A

➡ **Por qué es importante**. Un vestido de corte en «A» resulta favorecedor para cualquier tipo corporal. El ligero vuelo de la tela en la cintura marca esta parte y disimula trasero, caderas y muslos.

➡ **Cantidad que necesitas**. Dos, uno de un color sólido y otro estampado.

➡ **Si solo puedes tener uno**. Elige el sólido.

➡ **Popular entre**. Chicas Glam y Socialités.

Bolsos

➡ **Por qué son importantes**. Las llaves, la barra de labios, el monedero: ¡en algún sitio tienes que llevar todo esto!

➡ **Cantidad que necesitas:** Tres : un bolso de asa larga o *satchel* para todos los días, una cartera o *clutch* para las fiestas y un bolso grande o *tote* para llevar los libros.

➡ **Si solo puedes tener uno**. Decántate por el *satchel* multiuso.

➡ **Populares entre**. Cualquiera que tenga cosas que llevar.

PREPARADA PARA TODO (SEA LO QUE SEA)

Es formidable tener un montón de artículos de vestir que encajan estupendamente en todos y cada uno de los aspectos de tu vida diaria, pero también conviene recordar esos otros acontecimientos, menos habituales (pero no menos importantes), que también requieren cuidar tu imagen. De modo que asegúrate de que en tu montón de Guardar hay al menos un artículo adecuado para cada una de las tres situaciones clave que se mencionan a continuación.

Entrevistas de trabajo

➡ **Por qué necesitas un conjunto**. La primera impresión siempre es importante, pero sobre todo en una entrevista de trabajo, donde solo tienes unos minutos para demostrar que eres mejor que los que compiten contigo por el puesto. No des a tu futuro jefe ninguna razón para dudar de ti o de tu criterio.

➡ **Primera opción**. Un traje sastre, tacones y un bolso grande o *tote* (tu versión del maletín).

➡ **Puedes ir con**. Un sencillo par de pantalones de vestir y una blusa bonita.

Bodas y bailes

➡ **Por qué necesitas un conjunto**. Existen algunas ocasiones en la vida en las que sencillamente no puedes ir vestida con unos vaqueros, y una boda (o incluso un baile formal) es definitivamente una de esas ocasiones (bueno, a menos que la boda sea entre dos vaqueros en un rancho para turistas).

➡ **Primera opción**. Un vestido de fiesta. Pero si no te gustan los vestidos, ponte unos pantalones de vestir —hacen el mismo papel—.

➡ **Puedes ir con**. Cualquier cosa, mientras no sean unos vaqueros (salvo si así se indica explícitamente en la invitación).

Los años 50

La moda a través de las décadas

En los años cincuenta, Estados Unidos dejó de sufrir los racionamientos propios de los tiempos de guerra. Con una economía que volvía a la vida, la gente empezó a tener dinero que gastar. Esta nueva renta disponible condujo a una moda más frívola y divertida que la vivida en la década anterior. Cinturas de avispa, coloridos pañuelos para la cabeza y faldas con vuelo por la pantorrilla confeccionadas en nuevos tejidos sintéticos como nailon, poliéster y acrílicos se hicieron muy populares, así como los diseños de nuevas promesas como Christian Dior. Gracias a todo ello, ¡los armarios de las mujeres Estados Unidos empezaron a ser algo menos tristes!

Reunión con padres

➡ **Por qué necesitas el conjunto**. Cuando finalmente tu pareja te da luz verde para conocer a sus padres, lo último que deseas hacer es preocuparte por lo que vas a ponerte. Necesitas un *look* a prueba de padres, que guste hasta a los progenitores más conservadores.

➡ **Primera opción**. Un sencillo vestido cruzado.

➡ **Puedes ir con**. Vaqueros y una blusa.

REORGANIZACIÓN: LA CALMA DESPUÉS DE LA TORMENTA

No hay mucho que puedas hacer para aliviar el dolor después de haber básicamente reconstruido tu armario. Volver a colgar y a doblar todo lo que ahora está esparcido por el suelo no resulta muy entretenido, pero hay que hacerlo. De hecho, esta es la parte más importante de todo el proceso de limpieza del armario. De modo que, tan pronto como hayas reducido tu montón de Guardar, coloca de nuevo todos estos artículos esenciales en tu armario. El mejor sistema para volver a ponerlo todo en un orden funcional pasa por cambiar la manera en la que utilizas el espacio.

En lugar de tratar el espacio como si de una maleta se tratara —es decir, una gran caja donde vas metiendo toda tu ropa— consigue que resulte funcional para tu forma de vida en particular. Si en la localidad donde vives la ropa de abrigo es una necesidad para pasar el invierno, coloca tus chaquetas de punto y tus abrigos hacia delante, donde te resulten de más fácil acceso. Y cuando llegues a ese antiguo vestido de fiesta, cuélgalo en la parte trasera. Según vayas avanzando en tu trabajo, incorpora asimismo el sistema de clasificación según el Poder de Tres (como hiciste en el Capítulo 3).

Y ahora que has hecho sitio para nuevas adquisiciones, el Capítulo 6 te dirá dónde puedes ir a comprar (y no, la lista de artículos obligados no incluye zapatos de Christian Louboutin con incrustaciones de pedrería, ya que la moda también tiene que ser práctica).

Acción Fashion
Intercambio de ropa

Tengo un secreto que voy a revelarte: puedes llenar tu armario de vestidos, faldas, vaqueros y camisetas sin pagar un céntimo. Todo cuanto tienes que hacer es montar una fiesta. Sí, una fiesta, así de sencillo. Solo una cosa: para conseguir invitación para tan exclusivo evento, tus amigas tendrán que llevar alguna prenda de su propio armario, artículos en buen estado que ya no les estén bien o de los que se hayan cansado.

EL PROCESO DE LA FIESTA ES SENCILLO

1. Elige un ambiente de la casa lo suficientemente amplio para acoger a todas tus invitadas, como el salón o tu dormitorio.
2. Pide que cada invitada lleve al menos cinco artículo de vestir.
3. Establece las reglas del juego: la ropa debe estar limpia, en buen estado y sin manchas ni agujeros.
4. Prepara un «probador» para que las invitadas se prueben la ropa. Puede ser tu cuarto de baño, tu vestidor o bien otra área convenientemente situada para ofrecer un poco de intimidad.
5. Cuando hayan llegado todas las invitadas, ofrece a cada una de ellas la oportunidad de enseñar su mercancía, mostrando cada artículo de manera que el público pueda emitir sus ¡oh! y ¡ah!

6. Separa todos los artículos en montones según la talla.
7. Deja que cada persona escoja por turno una prenda. Permite a tus invitadas que elijan tantos artículos como prendas hayan llevado al intercambio.
8. Al final del cambalache, si han quedado muchas prendas no elegidas, puedes donarlas a una tienda de segunda mano. ¡Y todo el mundo contento!

Necesitarás:
- Ropa.
- Invitaciones.
- Aperitivos.
- Bolsas de tiendas o bolsas de basura para que las invitadas puedan llevarse su «nueva» ropa a casa.

 *Notas*

CAPÍTULO 6

Amplía tu colección

Una vez que hayas llevado a cabo la limpieza del armario y hayas hecho inventario de tu vestuario, probablemente observarás que dispones de algunos huecos. Puede que no tengas tantos vaqueros como necesitas o puede que, al analizar con calma los montones de zapatos que ocupan un valioso espacio en el suelo del armario, te hayas dado cuenta de que no tienes un solo par de bailarinas. Por otro lado, existen ocasiones especiales, como la boda de una hermana o el baile de antiguos alumnos, que también requieren alguna pequeña compra adicional. En este capítulo te daremos información sobre distintas opciones de tiendas y te ayudaremos a descubrir las mejores gangas, a encontrar esa última prenda esencial y también a saber cuándo debes conformarte con lo que tienes y cuándo puedes permitirte gastar un poco más de lo habitual.

COSAS EN LAS QUE DEBES GASTAR ALGO MÁS

Presta atención, porque esta será una de las pocas ocasiones en las que estarás autorizada a gastar un poco más en tus compras. Lo cierto es que comprar a precios bajos tiene sus limitaciones: en ciertas ocasiones, es necesario pasarse un poco del presupuesto habitual para conseguir algunos artículos realmente esenciales y de primera calidad —como unas gafas de sol para protegerte los ojos— o cosas que es casi imposible encontrar entre las gangas —como unos vaqueros que te queden bien y que estén en buen estado—. Pero esto no significa que tengas carta blanca para cargar tu tarjeta de crédito con artículos de temporada de las últimas tendencias (zapatos jaula de aguja: ¡nos referimos a vosotros!). Aprovecha las rebajas en estos artículos. A continuación te facilitamos los artículos de moda para los que tendrás el visto bueno si debes gastarte un poco más.

Vaqueros. Como ya se ha mencionado, a menudo resulta difícil encontrar unos vaqueros que sienten bien y estén en buen estado por menos de 40 €. Intenta encontrar algo barato (por ejemplo, en la sección de rebajas de grandes almacenes), pero si no tienes suerte, no te asuste pagar un poco más por un par de jeans que te queden realmente bien.

➡ **Gasta un poco más en**: un par de jeans *denim* oscuros.

Calzado. ¿Cuál es una de las cosas más difíciles de encontrar a buen precio? Los

Icono de estilo: Nan Kemper
Nan Kemper es un buen ejemplo de gran compradora de moda que no reparaba en gastos. Nacida en el seno de una familia acomodada de San Francisco, durante 40 años esta amante de la alta costura no se perdió ni un solo desfile de modelos de Yves Saint Laurent. Cuando la coleccionista (tal y como se la conoce) murió, era poseedora de más de 3.000 piezas, entre ellas 362 suéteres, 354 americanas y 106 biquinis.

zapatos. A menudo, los zapatos de las tiendas de ropa de segunda mano (muy extendidas en Estados Unidos) están muy usados y hay que tener en cuenta que ponerse zapatos usados por otra persona puede ser malo para tus pies (piensa que puedes sufrir hongos por ponerte los zapatos de alguien con pie de atleta). Y, en ocasiones, los zapatos baratos fabricados con materiales económicos producen ampollas o son demasiado incómodos.

➡️ **Gasta un poco más en**: unos zapatos de tacón de color tostado, que podrás ponerte con prendas tanto oscuras como claras.

Ropa interior. Si nunca has invertido en un buen sujetador —uno para el que te hayas tomado de verdad medidas y que te ajuste bien—, entonces ve directamente al departamento de lencería de tus grandes almacenes favoritos y cómprate uno. En las grandes ciudades también es posible darse una vuelta por alguna *boutique* especializada en sujetadores a medida. Un sujetador adecuado puede hacer que parezcas más delgada, puede reducir antiestéticos michelines y conseguir que te sientas más segura. Además ¡es mucho más cómodo!

➡️ **Gasta un poco más en**: un sujetador color carne con tirantes desmontables, que podrás ponerte con distintos modelos de blusa.

Gafas de sol. No juegues con tu vista. Invierte en un buen par de gafas de sol que te proporcionen protección contra los rayos ultravioletas (UV), pues la radiación solar puede dañar partes de los ojos. Compra gafas nuevas, porque de esta manera podrás consultar los detalles de protección UV en la etiqueta, que suele haberse perdido cuando se trata de gafas usadas. Adquiere gafas que bloqueen el 99 o el 100 por cien de los rayos UV.

➡️ **Gasta un poco más en**: un par clásico que realmente te guste, como el modelo de montura aviador o las gafas cuadradas estilo retro. Después procura no rayarlas, guardándolas en una funda protectora.

DE COMPRAS: A ESTRENAR

Cuando vayas a añadir artículos nuevos a tu vestuario, tendrás siempre dos opciones básicas: podrás comprarlos nuevos o usados. A menudo, aunque no siempre, comprar las cosas nuevas resulta más caro, pero también te ofrece más opciones en lo referente a modelos, tallas y colores, y puede ahorrarte tiempo. Pero no conviertas esta decisión en una cuestión de principios; no se puede decir «Compra solo ropa nueva» ni «Compra solo ropa de segunda mano». Ambas modalidades de compra tienen sus ventajas y sus inconvenientes.

Grandes almacenes

El primer lugar, al que deberás dirigirte cuando llegues a unos grandes almacenes será la sección de artículos de ocasión. El gran volumen de ventas de los grandes almacenes les permite, no solo comprar artículos a precios más bajos que las *boutique*s, sino también poner a la venta algunas prendas menos demandadas (pero no necesariamente menos estilosas) a precios con importantes descuentos.

> **Los años 60**
>
> ## La moda a través de las décadas
>
> Los iconos de la moda de los años sesenta —como la primera dama de Estados Unidos Jacqueline Kennedy— abrieron el camino a nuevos y apasionantes giros de la moda tradicional de la mano de los diseñadores estadounidenses Halston y Oleg Cassini. Las faldas de los diseñadores (perfectamente ajustadas a la cintura) realzaban la figura de reloj de arena de la primera dama y, al combinarlas con un recatado suéter y perlas, crearon un nuevo *look* destinado a convertirse en un clásico.

Cómo comprar allí. Deja que alguien te ayude. La ventaja que tienen los grandes almacenes en comparación con las típicas tiendas de ropa de segunda mano que tanto han proliferado en Estados Unidos es que realmente en ellos pueden asesorarte. Un vendedor podrá informarte de cuándo están previstas las próximas rebajas y podrá ayudarte a encontrar artículos de ocasión de tu talla. Algunos grandes almacenes incluso ponen a disposición del cliente *personal shoppers* de forma gratuita. Recuerda: los vendedores son gente como tú, y también tienen su presupuesto cuando compran. Sé honesta en relación con cuánto dinero puedes gastarte, de manera que el vendedor o la vendedora pueda aconsejarte para aprovechar al máximo tu capacidad de gasto.

➡ **Cosas que debes buscar**. Aprovecha la posibilidad de realizar arreglos. Algunos grandes almacenes ofrecen arreglos de costura gratis cuando realizas la compra. Dependiendo de tu figura corporal, el hecho de restar de tu presupuesto de compras esta tarea, en ocasiones más que necesaria, puede ahorrarte mucho dinero —¡y ampliar tus opciones!—.

➡ **Cosas que debes evitar**. Ten cuidado y no compres un artículo que luego no puedas devolver. Puede resultar tentador comprar un vestido tubo verde neón a la venta por 10 euros, pero, ya en casa, quizá te des cuenta de que ni tan siquiera valía el precio de rebajas. Si vas a gastar un poco más en unos grandes almacenes (y no en una tienda de ropa de segunda mano), debes asegurarte de que podrás devolver tu compra. La mayoría de los grandes almacenes ofrecen sin problemas esta posibilidad, aunque existen a este respecto distintas políticas, especialmente cuando se trata de artículos de rebajas. Antes de efectuar la compra, entérate bien de la política de devoluciones del establecimiento.

Boutiques

Las *boutique*s son establecimientos más pequeños y más centrados en su colección de ropa que unos grandes almacenes. Por ello es importante acudir a una *boutique* que coincida con tu estilo de vestir —ya sea una tienda de la costa de ropa playera—, una *boutique* urbana pija, o incluso una tienda de discos de uso mixto con lo último en vestuario hip-hop.

Cómo comprar allí. No temas pedir descuento. En los grandes almacenes o tiendas de grandes marcas probablemente nunca llegues a conocer al propietario, pero en una *boutique* el dueño a menudo trabaja junto a los vendedores. Esto te da acceso a la persona cuyos beneficios dependen de la venta, lo cual te brinda más oportunidades de obtener un descuento. Empieza por averiguar cuándo saldrá en rebajas el artículo y después pregunta si existe alguna posibilidad de llevarte la prenda por ese precio ese mismo día. A veces el propietario prefiere aplicar un descuento a perder la posibilidad de realizar una venta.

➡ **Cosas que debes buscar**. Artículos de temporada, como abrigos para el invierno o vestiditos de algodón para el verano, ocupan un valioso espacio en una *boutique*. En lugar de comprar de manera impulsiva este tipo de artículos nada más verlos, espera unas semanas hasta que la estación esté a punto de terminar. En ese momento la mayoría de las *boutique*s empiezan a colocar su género en los expositores de rebajas.

➡ **Cosas que debes evitar**. Las *boutique*s son valoradas por su estilo, por su ropa de moda y, en ocasiones, por su colecciones de diseñador. A veces, además, cuentan con vendedores que son muy buenos en su trabajo y a los que les entusiasma la moda. De manera que, aunque es cierto que la habilidad de los vendedores te permitirá hacerte

Más consejos para la compra *on-line*

¿Tienes una pregunta para la que no encuentras respuesta en ordenador (como cuál es el verdadero color o la textura de una prenda). Llama por teléfono a la sede física de la tienda y habla personalmente con un vendedor o llama al servicio de atención al cliente y pide que te pasen con alguien con acceso a los artículos. Saber lo que realmente estás comprando antes de pagar te ahorrará tiempo y puede que también dinero, si tienes que pagar por devolver el artículo.

Por otro lado, suscríbete a las noticias. La mayoría de las tiendas *on-line* disponen de boletines informativos por correo electrónico, a los que puedes apuntarte. A menudo, estos correos contienen información interna sobre ventas solo por Internet, promociones de envío gratuito y llegada de nueva mercancía.

una buena idea de las últimas tendencias, ten cuidado para no caer en sus redes al momento y no te gastes el presupuesto de todo el verano en un solo artículo muy *trendy* solo porque el dependiente te diga que pareces la mismísima doble de Katy Perry.

Venta on-line

Las tiendas *on-line* ofrecen los mejores precios por ropa nueva. Con pocos golpes de teclado pueden comparar los precios de un mismo artículo y su disponibilidad en numerosos sitios. Y no importa donde vivas: incluso si el semáforo más cercano a tu casa se encuentra a 45 minutos en coche, puedes aprovecharte de las ventajas de una estupenda ganga *on-line*. Y si vives a una manzana de un centro comercial, no dejes de echar un vistazo a la página web de tu tienda favorita, pues muchos establecimientos ofrecen descuentos exclusivos *on-line*.

Cómo comprar allí. Los descuentos *on-line* pueden ser excelentes, pero no olvides tener en cuenta los gastos de envío en tu presupuesto. Consulta en qué consisten estos gastos antes de pasar horas buscando en la sección de rebajas. Si solo vas a comprar un artículo, los gastos de envío pueden llegar a ser equivalentes al precio de compra. También es importante consultar cuáles son los costes de devolución de un artículo. Las mayores ofertas se encuentran a menudo en sitios de tiendas *on-line* que ofrecen envío gratuito en ambos casos (para compra y para devolución).

➡ **Cosas que debes buscar**. Compra solo en tiendas *on-line* conocidas y fiables. Si ni tú ni tus amigas habéis oído hablar de un determinado sitio, pregunta un poco y busca en Internet para ver qué se dice de él. Debes asegurarte de que estás dando información de la tarjeta de crédito —ya sea tuya o de tus padres— solo a fuentes fiables, pues existen ladrones de identidad que pueden robar tu información personal si no está debidamente protegida —y la peor compra es aquella que tú no quisiste nunca hacer—.

Crear estilo con «presupuesto cero»

Utilizar prendas de familiares y amigos es la manera definitiva de ahorrar, porque ¡sale gratis! Crea tu propio *look* aplicando uno de estos métodos contrastados de reutilización de artículos habituales en cualquier hogar.

1. La corbata de papá: utilízala como cinturón con un vestido o póntela en la cabeza a modo de cinta del pelo (¡estilo de fiesta!).
2. La camisa del trabajo de tu hermano: súbete las mangas, desabróchate unos botones, ponte un cinturón, combínala con unos *leggings* y tendrás una nueva versión de la clásica túnica.
3. La cartera de mano de mamá: para actualizar un *clutch* pasado de moda (perdón, mamá), enrolla alrededor un pañuelo de algún color vivo y después anúdalo con un lazo. El aspecto anticuado y sin estilo de la vieja cartera quedará modificado (léase camuflado) por ese moderno pañuelo.

➡ **Cosas que debes evitar**. No compres *on-line* pantalones vaqueros. Una de las cosas con las que es más difícil acertar en las compras *on-line* es con la talla y los vaqueros son, en este sentido, la prenda más complicada. La única excepción se presenta cuando quieres comprar un modelo que ya has tenido antes o que te has probado en alguna tienda física. Y si basas tu compra en un par que ya tienes, ten en cuenta desde cuándo lo tienes y cuánto te lo has puesto. Cuando compres unos vaqueros nuevos de la misma talla que tus más queridos *jeans*, puede que sean necesarios unos cuantos lavados y varias puestas para que te queden como los antiguos.

COSAS EN LAS QUE DEBES AHORRAR

Aunque te levantes todas las mañanas tropezando entre montones de monedas y te bañes en oro líquido, existen cosas en las que, simplemente, es ridículo que derroches dinero. Unas veces será porque se trate de artículos que es muy fácil adquirir por muy poco dinero y otras porque nadie podría reconocer nunca la diferencia entre la versión cara y la versión económica. Pero sea cual sea el caso, el hecho de ahorrar en piezas clave de tu vestuario puede dar cierto respiro a tu cartera y un poco de sosiego a tu mente. Estos son algunos artículos de moda a los que se puede y se debe aplicar este tratamiento.

➡ **Leggings**. Los grandes almacenes venden *leggings* de diseñador a precios elevados, pero no te acerques a ellos y compra, en su lugar, unas mallas o unos pantis gruesos negros en una mercería o supermercado (nada de transparencias). Resultan muy baratos y son una excelente (y cómoda) imitación del *look* más caro.

➡ **Joyas**. Seguro que ese broche de diamantes se sale de tu presupuesto, pero hay muchas cadenas de ropa que ofrecen grandes descuentos en reproducciones fabricadas con materiales más económicos y que quedan tan bien como el artículo caro.

➡ **Pañuelos**. Son accesorios de moda adaptables, ligeros y económicos que añaden color y textura a un *look*. Busca pañuelos a buen precio en los departamentos de ofertas de grandes almacenes, en cadenas de ropa económica y en secciones como los estantes de cinturones y bolsos de las tiendas de ropa de segunda mano.

DE COMPRAS: DE SEGUNDA MANO

Pocas cosas resultan tan emocionantes como encontrar ropa que te queda bien y te favorece —sobre todo si, además, tiene un buen precio—. Esto es así especialmente para las jóvenes amantes de la moda que cuentan con un

presupuesto muy justo (¿te suena de algo?). Y en cuanto a relación con precios ajustados, no hay nada mejor que el mundo de la ropa de segunda mano.

Tiendas de segunda mano con fines benéficos

Las tiendas de segunda mano con fines benéficos son muy populares en Estados Unidos: reciben ropa donada y la revenden a bajos precios, destinando la recaudación de las ventas a fines benéficos. Desde el punto de vista de la moda, comprar en Estados Unidos en estas tiendas no es exactamente como comprar en Neiman Marcus o en Saks Fifth Avenue, aunque la ropa adquirida en su día en algunos de estos lujosos grandes almacenes acaba en ocasiones en las tiendas de segunda mano. Deberás abandonar en la puerta todas tus manías y mojigaterías, pues las tiendas de segunda mano pueden estar tan desordenadas como tu taquilla en la semana de exámenes finales. No obstante, merece la pena pasearse entre el desorden, porque una tienda de segunda mano es el lugar perfecto para crear un *look* completo por muy poco dinero.

Cómo comprar allí. Acude con una agenda y ve preparada para pasar en la tienda bastante tiempo. En los establecimientos de segunda mano no suele haber muchos dependientes para ayudarte a buscar en los estantes y expositores la falda tubo perfecta ni tu talla. Tendrás que hacer tú sola todo el trabajo de investigación. Llevar una agenda puede ayudarte a organizar mejor tu tiempo. Hazte una idea clara del *look* que están tratando de componer y después entra en la tienda con las piezas clave ya en tu mente. Las tiendas de este tipo cuentan a menudo con secciones específicas para las distintas prendas (vaqueros, jerséis, vestidos, etc.), de modo que, si ya has apuntado en tu agenda las prendas que necesitas, podrás dirigirte directamente a las áreas correspondientes.

➡ **Cosas que debes buscar**. Como regla general, las tiendas de segunda mano son estupendas para comprar prendas básicas, como camisetas informales, artículos *denim* y chaquetas de punto. Si tienes suerte, podrás incluso encontrar una buena prenda, como un vestido cruzado de moda, aunque es habitual que las prendas de diseño sean adquiridas rápidamente por los empleados de la propia tienda, por estilistas profesionales o por propietarios de tiendas de artículos de segunda mano en depósito. Sin embargo, esto no quiere decir que no puedas encontrar algunas prendas de marca a buen precio. Todo es cuestión de tiempo, suerte y perseverancia.

➡ **Cosas que debes evitar**. Ten cuidado con las manchas en las axilas, los agujeros y el desgaste por los repetidos lavados. Pocas veces merece la pena reparar prendas con algún daño importante. Y recuerda: si un artículo parece demasiado bueno para ser cierto, probablemente sea así.

Tiendas de segunda mano de venta en depósito

Las tiendas de venta de artículos de segunda mano en depósito son como la hermana mayor elegante de las tiendas de segunda mano con fines benéficos. Hay gente que dona ropa a estos establecimientos benéficos y gente que lleva su ropa antigua (pero bonita) a una tienda de segunda mano y la deja allí en depósito con la esperanza de que se venda y pueda llevarse parte de los beneficios. Dado que la mayoría de estas tiendas solo venden artículos de marca y dado que son dos las personas (el vendedor y el propietario de la tienda) que quieren obtener beneficios, los descuentos en este caso no son tan buenos como los de las tiendas con fines benéficos. Sin embargo, es una manera inteligente de conseguir prendas de diseñador por cerca de la mitad del precio que tendrían si estuvieran nuevas.

Cómo comprar allí. Piensa un poco antes de comprar. El mero hecho de que haya gangas no quiere decir que tengas siempre que comprarlas. La mayoría de las tiendas de segunda mano de venta en depósito siguen la política del «No»: No se admiten devoluciones, no se admiten cambios y no se admiten tarjetas de crédito. Ante una ganga del tipo «no puedo dejarla pasar», pregúntate a ti misma cuántas veces, en términos reales, podrás ponerte esa prenda ese mes. Si el precioso suéter de cachemir va a estar guardado en el armario porque en tu localidad quedan aún nueve meses para que empiece a hacer frío, no merece la pena realizar ahora esa inversión. Para cuando puedas ponerte la prenda, es posible que ya no te esté bien o que tu gusto o la moda hayan cambiado.

Vende tus cosas

Si quieres ganar un dinero extra —o simplemente hacer un poco de sitio en tu armario—, intenta vender algunas de tus prendas en una tienda de segunda mano en depósito. He aquí algunos consejos para conseguir venderlas.

1. Queda con el encargado de la tienda o busca el tiempo necesario para mostrar tus artículos.
2. Asegúrate de que las prendas están limpias.
3. Plancha la ropa antes de llevarla a vender, para que presente el mejor aspecto posible.
4. Para vender la ropa de temporada, como un grueso abrigo de invierno, espera hasta una semanas antes de que comience la estación correspondiente.
5. No te presentes con la ropa metida en bolsas de basura. Llévala en perchas o cuidadosamente doblada en una maleta.

➡️ **Cosas que debes buscar**. Acude a tiendas de segunda mano que coincidan con tu estilo. Cuando estés preparada para ir de tiendas, elige un barrio que sea representativo del *look* que deseas crear. El tipo de género de las tiendas de segunda mano varía muchísimo en función de la gente que vende allí su ropa, lo cual, a su vez, tiene mucho que ver con la clase de gente que vive (o trabaja) en las proximidades. De modo que si estás buscando artículos sofisticados, deberías ir a comprar a un barrio con estilo, y, si buscas prendas modernas, quédate en los barrios que siempre están a la última en materia de moda.

➡️ **Cosas que debes evitar**. El simple hecho de que un artículo se venda en una tienda de segunda mano no significa que sea una ganga. Si no te está bien o no le vas a dar mucho uso, no lo compres —no importa lo barato que parezca—. Como en cualquier otra tienda, cabe la posibilidad de no pagar el precio completo. La mayor parte de estas tiendas ponen a la venta algunos artículos a un precio inferior cuando no pueden venderlos al precio inicial. La razón es que, en este tipo de negocios, no existe una inversión inicial para comprar la pieza (el vendedor simplemente deja su artículo en préstamo) y al dueño del negocio le interesa que los artículos salgan de la tienda para hacer sitio a género nuevo. Si has encontrado la prenda de tus sueños, pero no está rebajada, intenta que un empleado te informe de cuánto tiempo lleva el artículo a la venta y de cuándo está previsto que baje su precio. Si la fecha está próxima, es posible que el propietario o encargado esté dispuesto a aplicarte ya el descuento.

CONCLUSIÓN

Ir de compras es un arte complicado e, independientemente de donde vayas en busca de alguna oferta, seguramente siempre habrá algo que podrías haber hecho mejor (o encontrar más barato). Pero en general, si te atienes a tu presupuesto, mantienes los ojos bien abiertos, eres sincera contigo misma y no compras por comprar, los remordimientos serán mínimos. Elige los artículos con el ojo de un estilista y asegúrate de que la compra es realmente necesaria y de que llena un vacío en tu vestuario.

Acción Fashion
Tu look *por menos dinero*

¿Piensas que dominas ya el arte de comprar a buen precio? Comprueba tus nuevas habilidades creando un *look* completo por menos dinero. El reto consiste en componer un conjunto estiloso y listo para lucir gastando solo 10, 30 o 50 euros (puede ser dinero real o imaginario). Si puedes hacerlo por menos de 10 euros, habrás ganado el primer premio; si te cuesta 30 euros, podrás considerarte finalista y si necesitas 50 euros, deberás seguir practicando para aprender a recortar tus gastos y tus gustos. ¡Suerte para la próxima vez!

DETALLES

1. Busca inspiración para tu *look.* Puedes encontrarla en un atuendo que has visto a tu actriz favorita, en unas vacaciones recientes o incluso en una época pasada. Tu tablón de estado es un buen lugar al que recurrir en busca de inspiración.
2. Piensa en el tipo de escenario en el que vas a lucir este *look.* ¿Estás buscando vestuario para un baile del colegio? ¿Algo para una fiesta? ¿Un atuendo informal para el fin de semana?
3. Usa al menos tres recursos diferentes para encontrar las prendas que compondrán tu atuendo completo. Si no quieres gastarte dinero auténtico, puedes recortar fotografías de revistas o de un catálogo de moda, imprimir imágenes que encuentres en tiendas de venta *on-line* o tomar fotos de tus prendas favoritas en una tienda normal o de segunda mano. Sin embargo, acuérdate de tomar nota de cuánto te costaría cada artículo si te lo compraras en ese momento, para que la prueba tenga sentido.
4. Busca en tu armario alguna prenda que puedas incorporar a tu *look* —pero solo una prenda—. Parte de la tarea de crear una imagen consiste en utilizar lo que ya tienes y lo que te falta por encontrar.
5. Revisa constantemente tu presupuesto. Cada vez que añadas un artículo, calcula tu nuevo total disponible para saber cuánto te queda para gastar. Si el atuendo completo queda fuera de tu presupuesto, sustituye cosas hasta que no te falte dinero. Echa un vistazo de nuevo a la sección «Cosas en las que debes ahorrar» de este capítulo para encontrar ideas sobre artículos más económicos.

CAPÍTULO 7

Combínalo todo como una profesional

Ahora que ya sabes lo que realmente tienes en tu armario, así como lo que todavía necesitas y lo que todavía deseas tener, puedes empezar a crear algún *look.* Este capítulo te demostrará que puede ser muy fácil crear un atuendo perfectamente coordinado a partir de prendas sueltas, incluso aparentemente pasadas de moda, y te dará algunas ideas sobre cómo escoger los materiales adecuados para cada ocasión, todo ello con los accesorios correctos. Aprenderás a evitar los errores de aficionada —como ponerte el mismo par de vaqueros con tus zapatos de tacón y con tus fabulosas bailarinas— y emprenderás la transición hacia tu conversión en una auténtica estilista.

CREACIÓN DE UN *LOOK* DE LA CABEZA A LOS PIES

En los capítulos anteriores has aprendido a elegir colores y a vestirte en función de tu figura corporal, pero este es el capítulo en el que aprenderás a crear un *look* de la cabeza a los pies. Porque, claro, la moda es personal y la moda es dinámica, pero existen un montón de pequeñas herramientas y de trucos que pueden evitarte que, de manera accidental, puedas parecer una carpa de circo o un saco de patatas con alguno de tus nuevos atuendos. No existen soluciones universales y cada regla tiene su excepción, pero una lista básica para todos los días puede ayudarte a no llegar nunca a desafortunados extremos.

Las reglas que necesitas

Si, como regla general, te gusta jugar sobre seguro, asume que, en algún momento, cometerás un error de estilismo. Crearás un *look* con un ligero defecto (¡demasiados accesorios!), con una debilidad menor (negro desvaído de la cabeza a los pies) o que decididamente no funciona. Esto se debe a que la moda es evolución. Tus gustos y tu dominio de la creación de estilo seguirán desarrollándose —una de las razones por las cuales la mayoría renegamos de los atuendos que llevábamos el año anterior cuando nos vemos en las fotos. Sin embargo, para que nuestros tropiezos no superen en número a nuestros aciertos, puedes aumentar tu maestría en estilismo siguiendo unas sencillas reglas de moda.

• **Regla 1: Desecha las falsas reglas sobre los colores**. En la sociedad estadounidense de finales del siglo XIX estaba mal visto vestirse de blanco a partir del Día del Trabajo, el primer lunes del mes de septiembre. Existen muchas reglas que ya no tienen sentido hoy en día, como ésta sobre el color, y que es mejor olvidar. Incluso la reina de la etiqueta, Emily Post, está de acuerdo en que hay que abrir los brazos a los blancos invernales y utilizar el color también en otoño y en invierno. Y la idea de que no se pueden llevar juntos el marrón y el negro, ¡no es verdad! Simplemente escoge un marrón chocolate oscuro y combínalo con una prenda de un negro contrastante. Por ejemplo, prueba una gabardina marrón con botones y unos vaqueros negros o una botas de piel marrón con medias negras —Tim Gunn—, presentador del espacio sobre moda de la televisión estadounidense *Project Runway*, propone en este sentido *looks* que también resultan muy elegantes.

- **Regla 2: Cuidado con la desnudez.** No cometas el error de abusar de la escasez (al menos en lo que a ropa se refiere). Como regla general, dejar al descubierto más de un área de tu cuerpo al mismo tiempo no funciona bien. Puede que te guste mostrar tus estupendas piernas, tu espalda o tus hombros, pero elige solo un rasgo protagonista cada vez. Los tops sin tirantes y con la espalda al descubierto no deben llevarse con minifaldas, pero pueden quedar muy bien con una falda ajustada estilo tubo. Y un fantástico vestido ajustado que llega unos centímetros por debajo de la rodilla queda muy estiloso con mangas largas y hombros al descubierto. Pero no te quieras convencer a ti misma de que ponerse medias con una falda corta anula esta regla o que comenzar la noche con una chaqueta de punto (que te quitarás nada más entrar en el local) compensa la escasez de tu minivestido sin tirantes.

- **Regla 3: Tres accesorios.** Repite estas palabras: «No soy un árbol de Navidad». Probablemente conozcas ese *look* cargado de la cabeza a los pies que muestra una chica cuando se pone todos los anillos que tiene, junto con el collar de cuentas de tres vueltas, los pendientes largos, una gran pluma en el pelo, un reloj de hombre de gran tamaño y también un anillo en un dedo del pie. Es excesivo. Con tantos accesorios, parece más un árbol de Navidad cargado de adornos. Como regla general, no te pongas más de tres accesorios a la vez. Puedes elegir los tres accesorios entre todos los que te gusten: sortijas, pulsera y diadema —o pulsera de tobillo, brazalete y pendientes largos— pueden quedar bien. Pero nada más.

- **Regla 4: Piensa en los materiales.** Existen algunos materiales que son más adecuados para ciertas ocasiones, o incluso para ciertos momentos del día. Por ejemplo, una tela con brillo e iridiscencias solo puede utilizarse por la noche (a no ser que vayas a pasearte por la alfombra roja una tarde de gala de premios). Por otro lado, la ropa confeccionada en tejidos más informales, como punto de algodón, es más adecuada para un almuerzo al aire libre que para una cena benéfica bajo las estrellas. Si eres propensa a sudar, debes también prestar

Manicura perfecta

Hay algunas mujeres que cambian de esmalte de uñas todas las noches, coordinando cuidadosamente el tono con la ropa que piensan llevar al día siguiente. Puedes ahorrar mucho tiempo y obtener resultados igual de estilosos eligiendo un color siempre favorecedor (perdón, pero no tu verde primavera fosforescente), como un rosa translúcido, un tono beige con un ligero subtono dorado o un burdeos profundo. Estos tonos clásicos quedan bien con cualquier tono de piel y no desentonan con ningún conjunto.

atención a los materiales con los que está confeccionada la ropa que te pones. Como regla general, evita las telas que no transpiran, como poliéster, pana y acetato. Cuando una tela transpira (como el algodón y el lino 100 por cien), deja pasar la humedad de un lado a otro del tejido, en lugar de atrapar el sudor (riesgo de mal olor: alto).

- **Regla 5: informal pero con estilo**. Se dan pocas circunstancias en las que un vestido largo resulta apropiado como atuendo informal. Los vestidos largos se asocian a menudo al atardecer. Esta es la razón por la cual te pondrás un vestido corto de línea «A» para el *brunch* de la boda de tu primo, en lugar de un vestido largo de tafetán con vuelo. Teniendo en cuenta esta premisa, en determinadas situaciones la ropa informal resulta demasiado informal. A la hora de crear un *look*, es importante que tú (o tu cliente) llevéis un atuendo adecuado para la ocasión. Ponerte los pantalones de yoga para ir a cualquier parte, y no solo para el gimnasio o para estar en casa, no es una buena elección (salvo si solo vas a comprar el pan). Esfuérzate un poco incluso con tu *look* más informal. Como regla general, una blusa bonita, metida por dentro de tus *shorts* favoritos, y complementada con un bolso de asa larga componen un atuendo informal pero con estilo.

Errores frecuentes de estilismo

Los estilistas profesionales no son inmunes a los errores de estilismo. Ocasiones habrá, si estudias las fotos de tus revistas de moda preferidas, en las que podrás identificar alguna de las meteduras de patas más frecuentes que comentamos a continuación. La clave está en saber qué errores son de tal envergadura que has de tenerlos en cuenta para no cometerlos. Así, si alguna vez te conviertes en una profesional del estilismo, esto te ahorrará tener que pedir al director artístico que retoque tu estúpido error.

- **Zapatos de un número incorrecto**. Cuando se vayan a tomar fotos, de ti o de tu cliente, debes ser especialmente cuidadosa si trabajas con calzado que deja al descubierto los dedos o los talones. No hay nada peor que una foto, por lo demás estupenda, en la que el pie de la modelo rebosa por fuera del zapato o que nada en un calzado demasiado grande. En la vida real el único arreglo posible consiste en encontrar un par de zapatos que sean realmente de la talla adecuada, pero en casos de urgencia existen algunos trucos para que parezca que el zapato es del número exacto.
Cuando la modelo tiene los pies demasiado pequeños para los zapatos: si se trata de un zapato cerrado, pide a la modelo que coloque el pie pegado a la parte posterior del zapato mientras se toma la foto. Si el zapato es abierto por

la parte de los dedos, pide a la modelo que coloque el pie de modo que, en la foto, aparezca en vista frontal.

Cuando los pies de la modelo son demasiado grandes para el calzado elegido: si el modelo de calzado es con los talones al aire, asegúrate de que los zapatos son fotografiados solo en vista frontal, de manera que la cámara no capte cómo los talones sobresalen por encima del borde de los zapatos. Si el calzado es cerrado por delante, entonces no es tu día de suerte (a no ser que tengas a mano un arma reductora de tamaño). Como arreglo para la vida real, deshazte de cualquier calzado que sea demasiado pequeño, pues, de lo contrario, acabarás haciéndote daño en los pies. En el caso de zapatos demasiado grandes, ponte dos pares de calcetines, si el calzado admite calcetines (con botas, por ejemplo) o cómprate un par de calcetines gruesos de esquiar (en una tienda de deportes). Este truco te funcionará con zapatos que sean hasta un número mayor del correcto.

> ## Los años 70 y los 80
>
> ## La moda a través de las décadas
>
> Hace apenas unas décadas, en los años 70, los pantalones de tejidos metalizados y los pantalones de campana (cuanto más grande mejor) dominaban el panorama de la moda. Los años ochenta llegaron de la mano de los vaqueros *denim* lavados al ácido, los monos de licra y los calentadores de colores fosforescentes. Y aunque a los diseñadores les gusta recuperar tendencias del pasado, los aspectos verdaderamente originales de estos estilos han quedado relegados a los disfraces de Halloween. Y esto supone una lección: las prendas que ahora adoramos pueden convertirse en el futuro en uno error de estilismo. Cuando intentes retomar la moda de décadas pasadas, el truco consiste en reproducir el espíritu del estilo original, pero con una realización más discreta (léase, menos licra).

- **Joyas que no se ajustan**. Como estilista, también has de prestar especial atención a la talla de tu cliente (o de ti misma) cuando vayas a usar joyas o bisutería para completar el *look*. Los dedos, el cuello y las muñecas pueden ser de muy diversos tamaños. No puedes dar por sentado que la pieza que *quieres* es la pieza que *puedes* usar. Por ejemplo, un collar que, en una mujer, queda perfecto por debajo de la clavícula puede quedar como una gargantilla en otra. Para adaptar un reloj metálico a la fina muñeca de una clienta puede ser necesario quitar varios eslabones. Y, en este sentido, las sortijas son a menudo las piezas más complicadas. Cuando se trabaja con una modelo, es difícil adivinar cuál es su talla de sortija. Si llegas al escenario de la sesión fotográfica y resulta evidente que la sortija es demasiado grande, asegúrate de que el espacio entre la sortija y el dedo no se aprecia en la foto. Pide a la modelo que junte los dedos o que coloque las manos con el dorso en posición frontal a la cámara. En la vida real puedes poner esa sortija tan *cool* —pero también tan grande— en una cadena y llevarla a modo de colgante. De esta manera podrás exhibir el accesorio y no tendrás que preocuparte de perderla.

- **Nadar en un mar de tela**. La talla de la ropa debe ser el primer aspecto a tener en cuenta por cualquier estilista, aunque con demasiada frecuencia es

precisamente la talla lo que acaba arruinando un *look,* perfecto en todo lo demás. Hay muchas mujeres que se pasean por la calle con abrigos tan grandes que llegas a preguntarte si van envueltas en un edredón tamaño *king-size.* En un mundo perfecto todos tendríamos modista propia, pero en la vida real la mejor manera de evitar este error consiste en comprar ropa que nos quede bien y en deshacernos de ella cuando los botones empiecen a

Ropa según el tiempo

El estilo ha de ser también funcional. Para las tormentas de nieve invernales, elige abrigos que permitan percibir tu figura corporal, como un modelo de anorak ceñido en la cintura. En otoño, una bufanda de vivos colores sobre un suéter de un color neutro mantendrá tu cuello caliente y te hará recordar la primavera. Las orejeras son monas y calentitas, pero recógete el pelo hacia atrás en un moño o en una cola de caballo para dar un aire adulto a este atuendo tan juguetón. Cuando optes por un gorro, elige un modelo que no vaya a juego con la bufanda. (Ten cuidado: esos conjuntos de bufanda y gorro de lana tejidos a mano están pasados de moda —a menos que tu abuela te haya hecho uno, en cuyo caso tienes permiso para llevarlo—).

estallar. De esta manera no tendrás la tentación de ponerte la gabardina que llevas poniéndote tres temporadas y que ha soportado dos estirones.

Ante una cámara, es otra historia. Con ayuda de unos cuantos alfileres, siempre podrás recrear el aspecto de una prenda de la talla exacta. Ajusta siempre la prenda por la espalda y empieza por pequeñas secciones de tela. Si el vestuario es prestado, ten cuidado de no rasgar las telas delicadas. Si te preocupa esta cuestión, olvídate de alfileres e imperdibles y utiliza pinzas para la ropa. Informa al fotógrafo sobre los puntos en los que has puesto las pinzas y asegúrate de que la modelo se coloca de manera que la cámara no pueda captar las pinzas.

- **Preparada para el diluvio**. Todas tenemos un par favorito de vaqueros. El color es el exacto, las áreas desgastadas están en los sitios perfectos y el sutil detalle de los bolsillos es también perfecto. Pero si quieres tanto a tus vaqueros que no eres capaz de admitir que eres ya demasiado alta para lucirlos, estás cometiendo un grave error de estilo. Como regla general, si el hueso del tobillo queda a la vista por debajo de tus vaqueros, quiere decir que se te han quedado cortos. En el caso de pantalones demasiado largos, llévalos a una modista o establecimientos de arreglos de ropa, que podrán coserte el bajo fácilmente. Cuando vayas a comprar unos vaqueros, pregunta si el modelo que te interesa se vende con varios largos, como *long, regular* o *short* (largo, medio o corto), de modo que puedas ahorrarte el coste de la modista.

CONCLUSIÓN

No se trata de lo que queda mejor en la percha; no se trata de lo que te queda mejor a ti. La talla correcta de las prendas, el modo en el que el color del vestuario realza tu tez, la manera en la que los accesorios complementan tu atuendo y el equilibrio que el calzado aporta al *look* general son todos factores esenciales para un estilo infalible y que genere seguridad. Es una larga lista de ingredientes, pero merece la pena tenerlos en cuenta. Las reglas y los errores de estilismo comentados en este capítulo te ayudarán a centrarte y a afinar tu ojo crítico cuando vayas a comprar artículos o a componer un *look*. Con menos piedras donde tropezar en el camino, podrás empezar enseguida a sentar las bases de un estilo magnífico.

 Acción Fashion
Cómo crear un look *para el día y la noche*

Algunos de los mejores *looks* que puedes crear son aquellos que resultan apropiados tanto para una comida con amigas como para una cita para cenar. Con objeto de que la transición del día a la noche sea discreta, comienza por una base sólida, como un vestido recto negro o unos vaqueros *denim* negros con una camiseta de punto morada. Estas son prendas que, por sí solas, no llaman la atención, pero que proporcionan una base de estilo sólida y bonita para tu atuendo de día/noche. Después, todo cuanto añadas al atuendo —como abrigo, zapatos, bolso y bisutería— será lo que transformará el conjunto de día en conjunto de noche. Al ser la base del vestuario la misma para el día que para la noche, no tendrás que buscar un lugar donde cambiarte y podrás guardar los artículos adicionales en el maletero del coche o bajo la mesa de la oficina.

Para completar esta Acción Fashion, practica creando tu propio *look* transicional. En primer lugar, elige una prenda de tu armario que actúe como base. Si es posible, utiliza colores sólidos, pues los estampados dificultan la transición. A continuación escoge artículos de las columnas correspondientes al día y a la noche que te mostramos bajo estas líneas. Ponte los artículos para el día y guarda los de la noche en una bolsa, para más tarde.

DÍA
Calzado: zapatos planos o bailarinas de un color neutro.
Prenda exterior: blazer azul marino, gabardina a cuadros, chaqueta cruzada de lana, parka con ribete de piel falsa.
Joyería: brazalete de madera, cadena de plata para el cuello, pendientes pegados.
Bolso: bolso de piel de asa larga en dos tonos, tote de algodón, bolsa de nailon tipo mensajero.

NOCHE
Calzado: tacones de un color luminoso, bailarinas de piel negra, botas.
Prenda exterior: chaqueta de lana con lentejuelas, gabardina de satén negra, abrigo con ribete de leopardo.
Joyería: sortija gruesa de cóctel, brazaletes gruesos de metal, pulseras de pedrería, pendientes largos con cuentas.
Bolso: clutch con cadena, cartera de piel falsa de serpiente, bolso de mano de piel metalizada.

CAPÍTULO 8

Crea estilo para otros

Ahora que ya tienes una idea de cómo crear tu propia imagen, ¿qué tal si aplicas algunas de tus recién adquiridas habilidades con algún ser querido que no vista precisamente bien? Puede que tu hermano menor necesite cambiar de estilo antes de comenzar las clases en el instituto o que tu mejor amiga necesite ayuda para componer el *look* perfecto para su primera cita importante. Y apuesto a que tu madre también se prestaría a una actualización de su vestuario.

Crear estilo para otros es una manera excelente no solo de mejorar tus habilidades en materia de moda, sino también de prepararte para una potencial carrera profesional. Pero todo empieza con ese primer cliente.

Si vas a ayudar a alguien a crear una imagen perfecta, tendrás que abordar la tarea como si fuera un trabajo real y tratar a la persona en cuestión como a un cliente. Has de demostrar profesionalidad absoluta en todo momento, de manera que no te presentes tarde ni hables por teléfono mientras estás trabajando. El estilismo es un arte muy personal y, como vimos cuando tenías que pensar en cuál era tu figura corporal o a quién querías parecerte antes de encontrar tu propia identidad en materia de moda, ahora debes ayudar a tu cliente o clienta a expresar sus metas en este terreno, para poder luego ayudar a esa persona a alcanzarlas.

COMUNÍCATE CON TU CLIENTE

La mejor manera de empezar es, por supuesto, con algunas buenas preguntas. Pero aparte de las respuestas de tu cliente, necesitas también echar un ojo (y un oído) a los objetivos en materia de moda que él o ella puede tener, pero de los que no es plenamente consciente. La gente pocas veces sabe lo que quiere e incluso cuando lo sabe tiene una graciosa manera de cambiar de opinión —de modo que el trabajo del estilista nunca termina—.

La elección y el mantenimiento de un estilo de moda es como una montaña rusa, con muchas subidas y bajadas y muchos trayectos intermedios. Algunas personas se sientes superadas y abandonan. Dejan de prestar atención a lo que se ponen o se ocultan bajo prendas holgadas de las que les resulta difícil separarse porque son muy cómodas. Como estilista, a menudo tu trabajo consistirá en ayudar a cambiar

Icono de estilo: Nicola Formichetti

Bautizado «Mr. Gaga» por el *New York Times,* el superestilista Nicola Formichetti es conocido por su estilo atrevido y creativo (¿recuerdas ese vestido de carne?) y por su agenda de clientes, una de los cuales es tocaya suya: Lady Gaga. La conoció en una sesión fotográfica para *V Magazine* y ahora, además de crear para ella *looks* propios de otros mundos, ha llevado su estilo a su primera *boutique* temporal —un *pop-up store*— en Nueva York. Los artículos cuidadosamente seleccionados y expuestos cambian a diario, aunque en general predominan piezas *vintage* de Versace, tacones de vértigo y chalecos de piel roja con tachuelas. El estilista da también rienda suelta a su visión creativa en revistas como *Dazed and Confused* y *Vogue Hommes Japan*.

esta percepción. Para conseguirlo, debes ser un gran comunicador y valorar las necesidades de tu cliente, junto con su voluntad de ponerse manos a la obra.

Algunos clientes pueden sentirse sobrepasados por la gran cantidad de opciones que se les presentan. Otros clientes pueden decirte que no saben qué *look* les favorece más, dada su figura corporal. Pero sea cual sea el caso, una vez que conozcas las razones por las que desean recibir ayuda, debes desarrollar un plan claro que tenga en cuenta expectativas razonables y, después (con suerte), superar esos objetivos. En este sentido, antes de que tu clienta empiece a fantasear sobre la posibilidad de convertirse en la próxima Gisele Bündchen, puedes hacerle volver a la realidad y proporcionarle ejemplos del estilo que realmente puede alcanzar. Deberás ofrecerle confianza, una manera de expresar su belleza natural y la oportunidad de aceptar (¡y mostrar!) su figura corporal.

Para amigos, familiares y otros clientes apasionados por la moda, no tendrás que preocuparte por su nivel de escepticismo, pero tendrás que prestar mucha atención a otros aspectos de sus vidas —como su carga laboral, su presupuesto y su preocupación por los detalles—.

Comprueba tu ego en la puerta de la *boutique*

Cuando hayas llegado hasta aquí, probablemente te sentirás bastante segura en cuanto a tus habilidades para crear un *look*. Confías en ti misma y te sientes segura con tu sentido del estilo. Ahora mantén toda esa confianza, ese arrojo y esa seguridad, porque siempre habrá un estilista que sea mejor y que tenga más éxito que tú. Siempre habrá clientes que odien los *looks* para cuya creación has invertido horas y horas de trabajo. Y siempre habrá vendedores que, sin saberlo (esperemos), desprecien tu sentido de la moda, y delante de tu cliente.

La mejor manera de evitar que te derrumbes en alguna de estas circunstancias consiste en comprobar tu ego en la puerta de la *boutique*. Si una clienta no está de acuerdo con el vestido recto de color morado intenso que has elegido para ella, pregúntale por qué. Puede odiarlo todo de esta prenda, pero también es posible que solo sea contraria al color (fácil arreglo, existen muchas otras opciones) o que no le guste enseñar las piernas (no hay problema: unas medias moradas son también posibles). Si estás de compras con una clienta y un dependiente está continuamente interfiriendo en tu labor, termina la sesión en esa tienda y pasa a la siguiente de la lista —sí, así de fácil—. No puedes volcarte completamente en ayudar a tu cliente si estás prestando más atención a la manera en la que otras personas se comportan contigo.

CÓMO SER UNA BUENA INFLUENCIA

Como estilista, es probable que tengas una gran influencia en lo que lleva puesto tu cliente (de eso se trata). Sin embargo, ten cuidado con el grado de influencia que realmente ejerces. Asegúrate de que brindas a tu cliente la oportunidad de divertirse con la moda, experimentar por su cuenta y desarrollar su propio sentido del estilo —del mismo modo que lo has hecho tú a lo largo de este libro—.

Como estilista, debes favorecer en tu cliente el arrojo necesario para intentar un nuevo estilo, para probar un color nuevo, o para comprar en una tienda a la que él o ella no se habían atrevido a entrar antes porque les intimidaba. Como ya sabrás, todo lo que te pones dice algo sobre la persona que eres y sobre la persona que desearías ser. Tenlo presente cuando estés trabajando con tus clientes. Los atuendos que se pongan deben parecer hechos a su medida, no a la tuya.

SERVICIOS DE ESTILISMO: CARTA

Cuando sepas algo más sobre tus nuevos clientes y sobre lo que quieren de ti, podréis decidir juntos cuál de tus servicios se ajusta mejor a sus necesidades. La mayoría de los estilistas personales disponen de una lista de servicios básicos en la que se resume todo lo que pueden hacer por un cliente; hemos incluido una lista similar bajo estas líneas. Pero recuerda que no tienes por qué ofrecer todos los servicios de una vez; depende de lo que el cliente quiera obtener y del tiempo del que dispongas.

Curso intensivo

Un curso intensivo en moda es básicamente un día de tiendas con un cliente. Tú elegirás las tiendas (esto ayuda a racionalizar la experiencia para el cliente) y llevarás a tu cliente de aventura identificando colores, tallas y modelos que pueden quedarle bien, por su figura corporal y sus gustos. A continuación, aunque ni el mayor de lo superhéroes del estilismo puede crear el vestuario perfecto en un solo día, podrás avanzar en la creación de nuevos *looks* para el cliente, o elegir piezas clave para complementar su vestuario. Y si tu cliente es un amigo que anda algo escaso de dinero, asegúrate de que tomas fotos de todo lo que podría quedarle bien, de modo que pueda probar y recrear estos atuendos cuando esté en mejor situación económica.

➡ Tiempo invertido: ocho horas.

CUESTIONARIO PARA EL CLIENTE

Antes de empezar con tu labor de estilismo, pide a tus amigos o familiares (también conocidos como clientes) que rellenen un cuestionario. Esta serie inicial de preguntas pretende ayudarte a descubrir qué es lo que tus clientes desean conseguir exactamente con su nuevo *look*. Proporciona información básica sobre el número de pie de la persona, la medida de cintura y la talla de vestido, así como información más general sobre sus objetivos y sobre el tipo de ropa que utilizan. Presentamos bajo estas líneas un ejemplo de cuestionario de estilismo profesional, aunque eres libre de ampliar la encuesta mediante la formulación de otras preguntas que consideres útiles para identificar aquello que el cliente pretende de ti, así como su nuevo estilo.

NOMBRE DEL CLIENTE:

- ¿Cuántas noches a la semana necesitas ropa «para salir»?
- Describe qué es lo que te pones para «salir»
- ¿Cuántos días a la semana te pones vaqueros?
- Si tuvieras que elegir, ¿te pondrías un vestido o unos «vaqueros y un top mono» para salir a cenar?
- Describe tu atuendo característico de trabajo
- Describe qué es lo que te pones para el gimnasio
- ¿Cuántos pares de *sneakers* o zapatillas de estilo deportivo tienes?
- ¿Cuántos pares de bailarinas bonitas tienes?
- ¿Cuántos pares de botas tienes?
- ¿Cuáles son los tres principales objetivos que deseas alcanzar utilizando mis servicios?
- ¿Qué color domina tu vestuario?
- ¿Prefieres las prendas sueltas o pegadas al cuerpo?
- ¿Hay algo que no desees ponerte en modo alguno?
- ¿Quiénes son tus iconos de moda?
- ¿Te gusta que se fijen en ti en medio de una multitud?
- ¿Cuál es la pieza de joyería sin la cual no podrías vivir?
- ¿Cuánto tiempo te gustaría emplear por la mañana para arreglarte?

Compras de temporada

Resulta difícil de creer, pero hay personas a las que no les gusta ir de compras y otras que simplemente no tienen tiempo para hacerlo. Estos dos tipos de sujetos son los que contratan los servicios de estilistas para que compren por ellos ateniéndose a un presupuesto y creen nuevos *looks* de cara a cada temporada. A diferencia del curso intensivo, en el que el estilista se lleva al cliente de tiendas y le va explicando los puntos más interesantes del estilismo (no te olvides de la sección de oportunidades), en las compras de temporada trabajarás para el cliente sobre una base preestablecida, generalmente dos o cuatro veces al año, con el objetivo de rellenar su armario y reabastecerlo de artículos esenciales.

➡ **Tiempo invertido**: Ocho horas de un día, varías veces al año.

Estilismo para un evento

Encontrar el atuendo correcto para un gran evento puede resultar un poco estresante. Es como ir al supermercado cuando estás hambrienta —lo cual trae como resultado un carro lleno de bollos de chocolate y crema en lugar de comida saludable—. Esta es la razón por la cual muchas personas recurren a la ayuda de un estilista cuando se enfrentan a acontecimientos especiales. Para esta tarea, necesitarás averiguar si el acontecimiento en cuestión es más o menos informal o de etiqueta y, a partir de aquí, el cliente podrá acudir contigo a varias tiendas para probarse los artículos que tú ya habrás decidido previamente que pueden quedarle bien (se trata de prendas que ya habrás escogido y apartado en las tiendas para que tu cliente las vea).

➡ **Tiempo invertido**: 12 horas —una jornada completa para componer los *looks* y medio día para que el cliente elija—.

Renovación de armario e inspección de estilo

La manera más sencilla y barata de revitalizar el sentido del estilo de los clientes consiste en volver a las prendas que tienen en su armario. Algunas personas solo necesitan una nueva perspectiva (que tú les proporcionarás) para darse cuenta de lo estupendo que realmente es su vestuario. Para ello repetirás con tu cliente el mismo proceso que llevaste a cabo en el capítulo 5 para organizar tu armario, pero esta vez será un servicio que ofreces al cliente. Ayúdale a elegir qué artículos conservar, de qué prendas deshacerse y qué piezas quedan bien combinadas.

➡ **Tiempo invertido**: depende del tamaño del armario, pero serán entre cinco y ocho horas.

Look book

Cuando hayas dejado a tu cliente, es posible que la confusión empiece a hacer mella en él, de modo que es conveniente que disponga de algunas imágenes, como referencia para el futuro. Puedes recopilar estas imágenes en lo que se denomina un *look book* para tu cliente. Se trata de un álbum personal de estilo, con fotos del cliente vestido con algunos de los conjuntos que habéis creado juntos. Las imágenes no tienen por qué ser de calidad profesional; puedes incluso utilizar la cámara del móvil para inmortalizar los distintos atuendos. Coloca las imágenes en un documento PDF. Tu cliente podrá recuperarlas en su ordenador o imprimirlas.

➡ **Tiempo invertido**: Cinco horas.

ÉXITO DE ESTILISMO

Cuando estés comenzando a crear estilo de moda para otros, céntrate en las pequeñas victorias, como la sensación que tuviste cuando ayudaste a tu amiga con su mejor *look* para un gran evento. En efecto, ayudar a los demás a brillar con su nuevo estilo personal, ver cómo empiezan a avanzar por su cuenta y observar cómo los clientes aceptan su nuevo vestuario (sintiéndose fabulosos todo el tiempo) produce una las mejores sensaciones que existen. Y si reconoces en ti misma un deseo auténtico de cambiar la manera en la que los demás se sienten consigo mismos y sabes inspirarles para que encuentren su propio estilo, puede que simplemente quieras convertir un trabajo ocasional de estilismo en una carrera profesional a tiempo completo. Y si, ni queriendo, te imaginas a ti misma vistiendo a una famosa para los Óscar o a una banda de chicos para los Grammy, no te preocupes, porque puedes ser una estilista de éxito sin clientes famosos.

Acción Fashion
Entrevista a un estilista

¿Tienes aún preguntas pendientes sobre estilismo? Haz una entrevista a un estilista. Evidentemente, depende de la cooperación de un absoluto desconocido, pero te sorprenderá lo receptivos que son los estilistas en relación con conocer a jóvenes *fashionistas* y sus objetivos profesionales. Recuerda que los estilistas profesionales fueron un día como tú y comenzaron con pocos clientes (si es que los hubo en sus inicios). Busca agencias de moda, estilistas personales de tu ciudad (recomendados por amigos y familiares) y revistas locales y solicita una entrevista informativa. Cuéntales que estás considerando la posibilidad de dedicarte profesionalmente a la moda o simplemente que deseas aprender más sobre este trabajo y que te gustaría concertar una cita para charlar y saber un poco más. Después, cuando ya hayan accedido, sigue estos consejos para sacar el máximo partido a tu entrevista.

1. Prepárate para la entrevista. No es solo una oportunidad para encontrar respuesta a tus preguntas sobre moda, sino que también supone una ocasión para que el estilista en cuestión sepa algo más sobre ti (lo cual podría traer como resultado un futuro trabajo de ayudante o trabajos temporales en el estilismo). Revisa la cuenta de Twitter del estilista, la página de Facebook y su página web personal para saber algo más acerca de él o ella.

2. Prepara las preguntas cuya respuesta realmente te interese (y escríbelas). No malgastes el tiempo del estilista (y el tuyo) realizando preguntas que realmente no te importan. Si estás más interesada en el tema de la profesión de estilista (¿necesitas un período de formación?), cíñete a preguntas que reflejen este interés. Si tienes curiosidad por saber de dónde viene la inspiración (¿tiene utilidad un tablón de estado?), pregúntalo también.

3. Mantén un encuentro personal. En la era digital resulta tentador realizar tu entrevista vía email, pero conocer en persona al entrevistado es la mejor manera de obtener respuestas auténticas (inéditas) a tus preguntas. Procura asimismo sorprender al estilista con su estilo personal.

4. No pospongas el seguimiento. Envía una nota de agradecimiento en las 24 horas posteriores a la entrevista con el estilista y, cuando estés preparada, no te asuste preguntar sobre la posibilidad de colaborar como ayudante o becaria (más información al respecto en el Capítulo 9).

Notas

CAPÍTULO 9

El estilismo como profesión

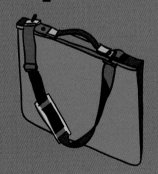

Si te desenvuelves bien en múltiples tareas, te gusta ser creativa y te creces en ambientes acelerados, entonces un trabajo en la industria de la moda puede ser perfecto para ti. Existen muchos tipos distintos de estilistas, pero todas las tareas tienen un denominador común: formarás parte de un equipo. Tanto si sois solo el cliente y tú, como si el equipo está integrado por un fotógrafo, el editor de una revista, una modelo, un equipo de ayudantes y tú, el objetivo será siempre trasladar todo lo que has aprendido sobre colores, telas, estilo y figura corporal a un *look* que haga que el cliente se sienta seguro y atractivo.

TIPOS DE ESTILISMO

Como profesión, el estilismo es en realidad un término paraguas que abarca muchos tipos diferentes de trabajos, cada uno de ellos con sus propios aspectos positivos. No todos los trabajos de estilismo serán adecuados para ti, y eso está bien. Por ejemplo, ¿te gustaría decidir tu propio horario de trabajo como estilista personal, o te sentirías más cómoda en el horario de nueve a cinco del estilista que trabaja en la sede de una editorial? ¿Para ti son más importantes cheques cuantiosos —del tipo de los asociados a menudo a los estilistas de los *fashion-shows*— o prefieres el sueldo más modesto pero regular que puedes ganar como estilista de vestuario. Considera cada una de las posibles carreras profesionales dentro del estilismo que comentamos a continuación y decide en cuál encajas mejor.

Estilista de editoriales de moda

Cuando tu revista preferida de moda exhibe páginas de modelos en elaboradas sesiones fotográficas, la persona responsable de reunir toda al ropa, los accesorios y otros elementos es un estilista de editorial. Las grandes revistas, como *Teen Vogue*, *Vogue* y *Glamour*, tienen a menudo todo un equipo de estilistas que trabajan para ellas. Los estilistas de editorial han de inspirarse en toda la moda que se ve por la calle, en los desfiles, en películas, e incluso en otras revistas y después volcar toda esta información en los mejores *looks* para los lectores.

- **Cómo es en realidad el trabajo**. Es típico que los estilistas de las editoriales pasen el día preparando y sacando adelante sesiones fotográficas. Para cada sesión, los estilistas trabajan solos o con el editor de la revista para crear el hilo conductor o trama de la sesión fotográfica, los que en moda se denomina «el concepto». Una vez que han decidido el concepto, los estilistas piden prestados a los diseñadores (a menudo directamente en las pasarelas) las prendas y los accesorios que necesitan. Algunos estilistas de editorial también son responsables de la contratación de modelos y fotógrafos. Si necesitan contratar a modelos, los estilistas han de consultar los currículum de las agencias de modelos para elegir a la modelo o al modelo adecuado. Después, una vez creado el equipo, comienza la verdadera labor de estilismo. Durante la sesión fotográfica el estilista está también presente, preparando y eligiendo la ropa para asegurarse de que le queda bien a la modelo. Mientras se toman las fotos, el estilista revisa cuidadosamente cada *look*, comprobando que no existen hilos colgando y que los alfileres empleados para meter y prender la ropa no están a la vista del objetivo de la cámara. Una vez realizada la sesión de fotos, el estilista de editorial puede también trabajar junto con el director artístico y el fotógrafo para elegir las mejores imágenes para la revista.

• **Qué tipos de personalidad lo hacen mejor**. En una revista el estilista en plantilla (es decir, alguien que recibe un sueldo fijo de la revista) puede tener un cargo profesional, como editor de moda, editor de moda asociado, ayudante de editor de moda, editor de accesorios u otros similares. Sin embargo, otras veces las revistas contratan a estilistas *freelance* que trabajan por su cuenta o para una agencia. Un estilista *freelance* es contratado por sesión fotográfica, sin promesa alguna de que vaya a ser llamado para otras futuras sesiones, de modo que ha de trabajar bien aun sin mucha seguridad laboral.

Estilista de desfiles de moda

Se celebran desfiles de moda por todo el mundo, pero los más importantes son los que se organiza en Nueva York, Londres, Milán, París y Los Ángeles. Los estilistas de estos *fashion shows* son muy cotizados y viajan con el diseñador para garantizar que la colección que va a mostrarse en la pasarela (que supone mucho ruido en los medios y ventas para el diseñador) refleje plenamente la visión de su autor.

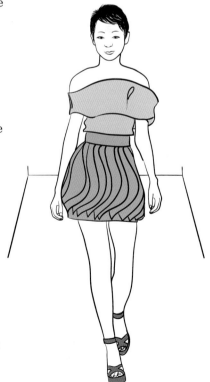

• **Cómo es en realidad el trabajo**. Los desfiles de moda a menudo duran apenas unos minutos, pero requieren horas de preparación. Antes de que se enciendan los focos los estilistas tienen que trabajar con el diseñador para organizar toda la ropa de la colección en los pocos *looks* especiales que serán exhibidos sobre la pasarela. Después, los estilistas deben asegurarse de que los atuendos estarán listos a tiempo (pues la producción puede retrasarse), intervenir en la contratación de modelos y, en definitiva, cuidar la imagen durante todo el evento. En un solo desfile de moda existen 30 modelos distintas a las que hay que vestir. El estilista trabajará junto con los ayudantes para que cada modelo quede perfecta para salir a desfilar y determinará el orden de exhibición de la ropa en la pasarela.

- **Qué tipos de personalidad lo hacen mejor**. Los estilistas de pasarela han de ser rápidos. Arreglar el vestuario de múltiples modelos, con cambios rápidos de ropa y prendas únicas, hacen que la capacidad de organización y el mantenimiento de la calma bajo presión sean rasgos clave en este trabajo. Para los grandes diseñadores y los más importantes desfiles de moda (los que se celebran en ocasión de las distintas ediciones de la semana de la moda o *fashion weeks,* con mayor afluencia de medios), existen pocos puestos disponibles. Sin embargo, los desfiles de moda de menor envergadura que organizan centros comerciales, *boutique*s y organizaciones benéficas constituyen también una oportunidad para un estilista de pasarela en ciernes.

Iconos de estilo: Rachel Zoe

La estilista personal acaparadora de titulares cuenta con una larga lista de clientes de primera categoría, a quienes viste para galas de entrega de premios, estrenos de cine y sesiones fotográficas. Recientemente amplió sus funciones con la creación de su propio emporio de moda —con un poco de ayuda de marketing de su *reality show* en la televisión estadounidense—. El programa cuenta los vaivenes (y los contratiempos) de la estilista de una *celebrity* de éxito. Rachel Zoe, que comenzó su carrera como editora de moda de una revista, ha recibido los aplausos de la crítica por trasladar su estilo *boho* característico a su línea de moda de calidad superior.

Estilista personal

Cuando Rachel Zoe crea el *look* perfecto de alfombra roja para sus clientas (entre las que se incluyen Demi Moore y Anne Hathaway), está actuando como estilista personal, asegurándose de que llevan el mejor conjunto para su figura y para la ocasión. Pero el estilismo de moda personal no es solo para las famosas. Es la creación, para cualquier cliente (desde tu mejor amiga hasta tu madre o hasta ti misma), de un *look* que quede bien y favorezca.

- **Cómo es en realidad el trabajo**. Más que cualquier otro estilista, el profesional del estilismo personal tiene que desempeñar muchas funciones diferentes. Un día tendrá que ayudar a un cliente a componer y organizar su vestuario (exactamente igual que hiciste con tu propio vestuario en páginas anteriores del libro). Otro día estará buscando en tiendas de lujo y establecimientos de segunda mano el vestido de diseñador perfecto (quizá algo para que el cliente se ponga en un estreno). Y puede que un par de veces al año vaya de compras con clientes para animar su vestuario de temporada, escogiendo los mejores abrigos para el invierno y ropa de playa parta las vacaciones de verano. A diferencia de otros estilistas, el estilista de moda personal también tiene que actuar un poco como un maestro, enseñando a los clientes a ver y a entender qué artículos les favorecen en mayor medida, por su figura, su tez y su personalidad.
- **Qué tipos de personalidad lo hacen mejor**. La mayoría de los estilistas personales trabajan por su cuenta y ello les lleva a tener un espíritu emprendedor.

Realizar presupuestos y dar publicidad a sus servicios son tareas que forman parte de su trabajo. Pero, aparte de saber cómo ser su propio jefe, el estilista tiene también que ser capaz de trabajar con distintas personalidades, edades y figuras corporales. No todos los clientes de estilistas personales tienen tipo de modelo delgadísima de 1,80 m. Trabajan con señoras con formas de figura de reloj de arena, con colegas estudiantes con formas de triángulo invertido y con mamás de cuerpo rectangular. Dado que los estilistas personales trabajan directamente con los clientes, tienen mucha relación interpersonal. Se espera de ellos que faciliten a sus clientes pistas sobre cómo elegir el *look* adecuado para su tipo corporal y pasan largas horas examinando los estantes de ropa con objeto de elegir los artículos esenciales e indispensables.

Estilista de vestuario

Al igual que el estilista de moda editorial, que trabaja para crear la imagen impresa perfecta, el estilista de vestuario crea el mejor *look* para una película o para un programa de televisión. Piensa en lo siguiente: cada vez que contemplas a un actor en un anuncio, en tu serie favorita o en una película, el atuendo de esa persona ha sido elegido y compuesto por alguien, y ese alguien es el estilista de vestuario. Dado que los estilistas de vestuario visten a cada personaje según un hilo argumental, tienen que tener (o adquirir) experiencia en la creación de *looks* para todas las tallas, formas y edades (labor que puede ser más interesante que crear imagen para el mismo tipo de modelo todos los días). En Estados Unidos la mayoría de los estilistas de vestuario viven en el área de Los Ángeles, donde se ruedan gran cantidad de programas de televisión y de películas, pero a menudo los rodajes tienen lugar en otras localidades, de modo que el estilista ha de estar dispuesto a viajar. Los trabajos de estilismo de vestuario para anuncios publicitarios o películas suelen ser temporales; duran solo mientras dura el rodaje, que a menudo es de apenas un día y pocas veces es de varios meses. Los trabajos temporales de estilismo de vestuario para programas de televisión suelen ser a más largo plazo (bueno, salvo si se cancela el programa) y suelen responder a un horario establecido (en la medida en que este tipo de programas suelen rodarse todas las semanas durante una temporada completa).

- **Cómo es en realidad el trabajo.** Un típico día de trabajo de un estilista de vestuario implica largas horas de plató. Tendrás que preparar toda la ropa para la sesión del día (si tienes suerte y estás ya bien establecida, contarás con un equipo de ayudantes) y asegurarte de que a cada actor le queda bien su vestuario y, después, deberás seguir presente para comprobar que todo el mundo da su mejor imagen.

Los años 90

La moda a través de las décadas

Series de la televisión estadounidense como *Saved by the Bell (Salvados por la campana)*, *Beverly Hills, 90210 (Sensación de vivir)* y *Clarissa Explains it All (Las aventuras de Clarissa)* dominaron la televisión y la moda adolescente de los años 90. Jóvenes de todo el mundo se paseaban con gomillas en el pelo, monos, *tops* cortos, estampados de flores y vaqueros *denim* de cintura alta lavados al ácido. Y aunque hace ya tiempo que esa década quedó atrás, no ha caído en el olvido. Recientemente, en un evento de alfombra roja, Justin Bieber rindió homenaje al personaje de televisión e icono de la moda adolescente Kelly Kapowski (papel representado por Tiffani-Amber Thiessem en *Salvados por la campana*) luciendo una camiseta con el retrato de la actriz (en plena década gloriosa de los 90).

- **Qué tipos de personalidad lo hacen mejor**. Como ocurre con la mayor parte de las personas del mundo empresarial, tendrás que ser tenaz y estar dispuesta a empezar por abajo para alcanzar el éxito. Si tus padres no han ganado un Emmy y si no tienes ni un solo contacto en Hollywood, tendrás que empezar adquiriendo unos años de experiencia, bien como ayudante de otros estilistas bien cursando estudios de moda (o tomando clases de estilismo). Una vez que cuentes ya con una sólida experiencia, tu objetivo debe ser conocer a un representante que te ayude a encontrar ofertas de trabajo como estilista de vestuario (especialmente trabajos para anuncios publicitarios, que se ofrecen con mayor frecuencia que las películas o los programas de televisión). Los estilistas de vestuario principiantes pueden también abrirse camino en la profesión del estilismo de moda ofreciendo sus servicios para películas de estudiantes y de cine independiente de escaso presupuesto.

Estilista de catálogo

El trabajo de los estilistas de catálogo es todo un reto. Tienen que crear un bonito conjunto, elegir los colores perfectos y combinar los estampados correctos para crear un *look* que tenga éxito a la hora de vender un conjunto. A diferencia del estilista de editorial, que dispone de infinidad de opciones para crear el *look* perfecto, el estilista de catálogo no puede complementar el vestuario con artículos que no figuren en el catálogo propio. Por ejemplo, si el catálogo solo vende dos pares de zapatos en una determinada temporada, el estilista de catálogo tiene que conseguir que estos dos pares —y solo estos dos— queden bien en todos los *looks*. Esta es la razón por la cual los estilistas de catálogo son considerados los maestros del puzle en el mundo del estilismo de moda. Tienen un número fijo de piezas (artículos de vestir y accesorios) y deben saber combinarlas para crear los distintos *looks* de un catálogo completo.

- **Cómo es en realidad el trabajo**. Al trabajar con estas limitaciones, el típico día de un estilista de catálogo puede resultar como intentar componer un puzle de 1.000 piezas —sabes que todas las piezas están ahí, pero siempre tienes la sensación de que te falta la que necesitas—. Pero la mentalidad de maestro de los puzles ayuda a definir las habilidades del estilista de catálogo. Si una pieza de vestuario plantea alguna dificultad (quizá no le quede muy bien a la modelo o quizá el color no sea el adecuado para los accesorios), el estilista de catálogo no dispone de la posibilidad de buscar una pieza distinta, sino que tiene que usar sus habilidades de hada madrina del estilismo para conseguir el *look* final.

- **Qué tipos de personalidad lo hacen mejor**. Una firma de moda solo puede producir un catálogo por temporada, lo cual significa que la mayoría de los estilistas de catálogo son *freelance* o son contratados a través de una agencia de estilismo. Sin embargo, con la llegada de las ventas *online*, existen en Internet más oportunidades para los estilistas de catálogo, que han de estar disponibles para actualizar constantemente la página web de la firma de cara a los consumidores. Además, hay estilistas que trabajan en algo así como un puesto híbrido para grandes almacenes que tienen página web para venta *online* como suplemento de sus catálogos impresos. Independientemente del sector en el que trabajen, hay un rasgo que comparten todos los estilistas de catálogo: prestan suma atención a los detalles.

CÓMO METER LA CABEZA EN LA PROFESIÓN

Sea cual sea el segmento de la industria de la moda en el que hayas decidido hundir tus tacones, ten por seguro que vas a encontrarte con muchos competidores. Existen grados universitarios dedicados por completo a facetas distintas de la industria de la moda y un montón de gente con talento esperando para dar el gran salto. Aparte de una sólida educación, la mejor manera de meter la cabeza en este mundo consiste en reunir un poco de experiencia en el mundo real —y, con la actitud correcta—, la experiencia en el mundo real es definitivamente algo que puedes encontrar.

Estilista independiente

Como ayudante de un estilista profesional tendrás acceso a todos los entresijos de proyectos de moda importantes. El trabajo no es glamuroso y tendrás que dedicarte a cosas que realmente poco tienen que ver con el estilismo, pero los contactos que harás pueden ser valiosísimos.

- **Cómo conseguir trabajo**. Busca agencias locales que representen a estilistas y ofréceles tus servicios como asistente. Asegúrate de que saben que estás dispuesta a trabajar muchas horas por poco dinero. Se trata de un trabajo con el que no te harás rica en poco tiempo y, en todo caso, tendrás que demostrar que cuentas con aptitudes para el estilismo y deberás conseguir por tu cuenta algunos clientes, antes de poder ganar suficiente dinero para comprarte un par de zapatos Louboutin.

- **Lo bueno y lo malo**. El trabajo para un estilista profesional te pondrá en contacto con una variopinta clientela, con la que podrás practicar tus aptitudes para el estilismo.

Cuando llegue el momento de abandonar el nido y de comenzar con tu propio negocio de estilismo, actúa de forma profesional y no robes clientes a tu anterior empleador (la industria de la moda es pequeña, de modo que es importante guardar buena relación con jefes del pasado). También es importante tener paciencia. La transición de ayudante a estilista profesional de moda no siempre es rápida. Britt Bardo trabajó durante tres años como ayudante para la conocida estilista y diseñadora Andrea Lieberman. La experiencia le aportó lo que necesitaba para continuar por su cuenta con su primera clienta famosa, Jennifer Lopez. Desde entonces, la estilista de estrellas ha trabajado con Kate Hudson, Eva Mendes y Cameron Diaz y es la experta en moda de una gran compañía de cosméticos; recientemente, ha formado equipo con otra estilista para comercializar la línea de ropa ROSE.

La década del 2000

La moda través de las décadas

La primera década del siglo XXI estuvo marcada por el atractivo lanzamiento de moda de diseñador a precios asequibles. Tal fue el caso de Go International Collection, que se puso a la venta, a precios bastante razonables, en los almacenes Target de Estados Unidos. Se trataba de colecciones de edición limitada de diseñadores de primera línea, como Rodarte, Proenza Schouler, Zac Posen y Erin Fetherston. H&M, por su parte, consiguió también una colaboración con Karl Lagerfield de Chanel y con Versace para artículos de alta gama a precios asequibles. Payless puso a la venta colecciones de calzado a buen precio diseñadas por nombres como Christian Siriano, ganador de una de las ediciones de *Project Runway, reality show* sobre diseño y moda de la televisión estadounidense. Y Giambattista Valli creó la línea Impulse de precios bajos para Macy´s.

Revistas

Como en la mayoría de las empresas de hoy en día, un período de trabajo en formación es una manera clave de ir metiendo la cabeza en el mundo del estilismo; pero en el mundo superrestringido de las revistas de moda es aún más importante de los habitual.

- **Cómo conseguir trabajo**. Casi todas las revistas tienen un departamento de moda o fotografía. Acércate para preguntar por la posibilidad de un trabajo en formación. Revisa las páginas web de las revistas para comprobar si alguna de ellas cuenta con un programa de formación organizado (pues si es el caso, puedes incluso beneficiarte de créditos de formación).

- **Lo bueno y lo malo**. En una revista estarás expuesta a los objetivos de las cámaras y, si tienes suerte, puedes incluso conseguir que te dejen ayudar al editor de moda en el estilismo de una separata de moda, que además te proporcionará algunas imágenes impactantes para tu portfolio. Sin embargo, no des por hecho que, por ayudar en una sesión fotográfica, vayas a hacer algo creativo. Ocasiones habrá, aunque de momento solo planches ropa y ordenes en cajas el vestuario después de la sesión. ¡Pero en alguna parte hay que empezar!

Boutiques

Trabajar en una *boutique* es una manera excelente de estar a la última en materia de nuevas tendencias y de ver hacia qué tipo de *looks* se inclinan tus clientes (léase ¡tus futuros clientes!). Además, trabajar en una *boutique* no tiene que ser una ocupación a tiempo completo, de modo que, si todavía estás estudiando o tienes ya un trabajo, no excluyas la posibilidad. Puedes trabajar un día a la semana en verano, o incluso unas cuantas horas después de clase durante el curso escolar.

- **Cómo conseguir trabajo**. Si no tienes experiencia suficiente para ser contratada como empleada, ofrece tu ayuda en prácticas en tu *boutique* favorita. Pregunta al encargado o al dueño por la posibilidad de trabajar en prácticas como estilista de escaparate. En este puesto ayudarás a vestir a los maniquíes y no solo adquirirás algo de experiencia de estilismo, sino que además estarás al tanto de las tendencias de la temporada.
- **Lo bueno y lo malo**. En la *boutique* tendrás importantes interacciones con gente que dispone de dinero para gastarse en ropa —y que solo necesita los servicios de una prometedora estilista profesional como tú—. También hay que decir que, por desgracia, las *boutique*s no son precisamente famosas por pagar muy bien a sus empleados.

Agencias

Hoy en día muchas agencias tradicionales de modelos representan también a estilistas. Un trabajo en formación en una agencia te permitirá saber qué busca la agencia, cuándo desea contratar a un nuevo talento, qué trabajos ofrece y cómo consigue la agencia nuevos clientes para sus talentos.

- **Cómo conseguir trabajo**. Llama por teléfono a las agencias de estilismo de tu localidad y pide una entrevista informativa. Será entonces cuando puedas llevar tu portfolio (más datos al respecto a continuación en este capítulo) e interesarte por la opción de trabajo en formación.

- **Lo bueno y lo malo**. Lo mejor de trabajar en prácticas para una agencia de estilismo es que te ofrece la oportunidad de ayudar a los estilistas en sesiones fotográficas y, quizá, de sustituir a alguno de ellos (porque todo el mundo tiene que faltar un día al trabajo por un motivo u otro). Sin embargo, como en cualquier trabajo de ayudante, el grado de estilismo que realmente podrás llevar a la práctica dependerá de la persona para la que estés trabajando y debes pensar que, en la mayoría de los casos, se te asignarán tareas muy por detrás de la cámara, como hacer recados, planchar prendas y hacer cola en la oficina de correos.

Fotógrafos

Los fotógrafos de moda, los fotógrafos de bodas y los fotógrafos de estudio tienen todos ellos un rasgo en común: pueden beneficiarse de la ayuda de un estilista. Sus clientes quieren tener ante la cámara su mejor aspecto y es entonces cuando entras tú en acción, asegurándote de que la elección del vestuario es la adecuada.

- **Cómo conseguir trabajo**. Los fotógrafos no suelen ofrecer precisamente puestos de trabajo para que les ayuden con el estilismo. Es un puesto que tú puedes ayudar a crear. Como cualquier trabajo, ten claro qué es lo que estás pidiendo y busca a fotógrafos reconocidos (hazte con recomendaciones de familiares y amigos).
- **Lo bueno y lo malo**. Trabajar con un fotógrafo te aportará experiencia relativa a las sesiones fotográficas (que además te proporcionarán un montón de fotos para tu portfolio), pero tu agenda dependerá del fotógrafo (que concertará las sesiones con los clientes) —lo cual significa que el número de horas podría no ser el ideal—.

CÓMO SE CREA UN PORTFOLIO

Si alguna vez has presentado tu candidatura para un trabajo, probablemente habrás tenido que rellenar un formulario y que facilitar tu currículum, que permite al empleador hacerse una idea básica de tus aptitudes y de tu experiencia laboral. Un portfolio ofrece este mismo tipo de información, solo que lo hace de un modo totalmente visual. Si no tienes un portfolio, sigue estos pasos para crear uno.

Paso 1: Recopila tus trabajos

Utiliza las fotografías que tomaste en la sesión de fotos de Acción Fashion (al final de este capítulo) como material básico para tu portfolio. Si has colaborado como ayudante en alguna sesión fotográfica, incluye también esas imágenes en tu recopilación.

Paso 2: Edita, edita y sigue editando

Deberás ser un editor con decisión para, entre todas tus opciones, elegir solo tres imágenes, que serán las que incluirás en el portfolio definitivo. Podrás añadir alguna más adelante, pero tres es un buen número para empezar. Este paso responde a la «regla impar» de la composición. El agrupamiento de tres, cinco o siete imágenes tiende a aportar al portfolio un agradable equilibrio y crea asimismo la ilusión de que tu porfolio tiene más imágenes de las que en realidad tiene.

Paso 3: Júntalo todo

Crea una cubierta con tu nombre y tu información de contacto y después organiza el resto de la documentación con tus imágenes —preferiblemente una en cada página—. Si vas a crear una copia digital en PDF de tu portfolio (que es la forma más económica de hacerlo), da a tu PDF un nombre sencillo, como tu nombre y tus apellidos. Cuando envíes por *email* tu PDF a una empresa para un potencial trabajo de formación, tu nombre será fácilmente reconocible en el documento adjunto. Si tienes una entrevista personal, imprime el PDF en papel de gramaje superior y, si tu presupuesto te lo permite, guarda los documentos impresos en una carpeta con tapas protectoras transparentes.

Iconos de estilo: Tavi Gevinson

En las afueras de Chicago la *teenager* Tavi Gevinson se sienta en su habitación a escribir en su blog, *Style Rookie,* reflexiones sobre la moda y la vida. Comenzó como bloguera con 11 años y a los pocos años reunía ya más reconocimientos dentro del mundo de la moda que muchos profesionales con cuatro veces su edad. Ha escrito artículos de moda para la revista *Harper's Bazaar,* ha servido de inspiración a la línea de moda de Rodarte para Target, se ha sentado en primera fila en los desfiles de presentación de colecciones de Marc Jacobs, ha viajado a París para asistir a los mayores acontecimientos de la alta costura, ha volado a Tokio como invitada de honor en la celebración de la firma Comme des Garçons y realizó su primer trabajo como estilista para la sesión fotográfica de la revista *BlackBook,* todo ello mientras estudiaba en el instituto.

Acción Fashion

¡Estilismo para tu propia sesión fotográfica!

Nos encontramos ante el eterno problema: si no tienes un trabajo de estilismo no tendrás fotos de sesiones fotográficas que puedas incluir en tu portfolio —pero a menudo, solo puedes conseguir el trabajo si has creado el portfolio—. En lugar de tratar de resolver este rompecabezas (poco menos que imposible), toma el mando de la situación y crea tus propias imágenes. Después, podrás utilizar esas fotos para tu portfolio, que a su vez podrás utilizar para encontrar un trabajo temporal.

Para crear estilo en tu propia sesión fotográfica de moda, todo cuanto necesitas es seguir estos sencillos pasos.

1. **Consigue un modelo.** Pide a un amigo o amiga, a un familiar o a tu hermano o hermana que actúe como modelo. Analiza su figura corporal y consulta el capítulo 4 para determinar qué tipo de ropa puede quedarle mejor.

2. **Elige un fotógrafo.** Si no tienes ningún amigo o familiar que sea buen fotógrafo, toma tú misma las fotos, a lo Sartorialist.

3. **Crea el concepto.** Es la historia que va a contar tu sesión de fotos. ¿Es un *look* de moda de otoño? ¿Se trata de una retrospectiva de moda *punk* estilo años 80? ¿Una separata promocional de moda? ¡Tú decides!

4. **Elige una localización.** Tu casa o la casa de algún amigo es el lugar más fácil para empezar, porque para trabajar no necesitarás obtener permiso del propietario del terreno o de la casa.

5. **Consigue la ropa.** Antes de tener al modelo o a la modelo en el «set», deberás reunir toda la ropa que quieres emplear en la sesión. Pregunta al modelo o a la modelo si puedes utilizar ropa de su armario; de esta manera la talla será la correcta. Si necesitas otros artículos, busca en tiendas de segunda mano y recurre a tu propio armario para abaratar costes. Elige prendas que respondan al hilo conductor o concepto que has pensado para la sesión fotográfica. Por ejemplo, si tu historia gira en torno a una chica en un campamento de verano, probablemente no necesitarás ningún *look* sofisticado de noche. En su lugar, consigue prendas que realmente tú llevarías a un campamento de verano: vaqueros, camisetas, traje de baño, el atuendo perfecto para excursiones y otros artículos similares.

6. **Prepara la ropa.** No importa lo estupendo que sea el atuendo: si solo ves arrugas y pliegues, eso será lo que la cámara también verá. Revisa la etiqueta de «cuidados» de las prendas y, si las indicaciones no lo prohíben, plánchalas o alísalas con vapor, de manera que quede todo como nuevo.

7. **Crea los *looks*.** Cuando tu modelo y la ropa estén ya en el set, habrá llegado el momento de que la modelo se pruebe realmente la ropa. Para una sesión de un día completo, reúne y prueba ocho *looks* que realmente te gusten. Para una sesión de medio día, cuatro *looks* es el número ideal. Organiza cada conjunto (junto con los correspondientes accesorios) según el orden en el que vayas a fotografiarlos.

8. **Ajusta el conjunto.** Aunque hayas elegido ya los conjuntos, todavía tendrás que fijar y perfeccionar cada uno de ellos. Lleva contigo tu kit de estilista, que preparaste en el Capítulo 3, para ajustar por la espalda las prendas que queden algo holgadas o para acortar una falda.

9. **Toma las fotos.** ¡Y diviértete!

 *Notas*

ÍNDICE

A mamá, por tu apoyo sin fin y por darme siempre lápiz y papel durante toda mi infancia.

A papá, que no sabía absolutamente nada de moda, pero que tuvo fe ciega en todos mis proyectos.

A Sam Tejwani, por soportar esas largas horas y dar siempre una opinión honesta sobre mis conjuntos.

A Nikki Wood, por darme mi primer trabajo remunerado en estilismo y a Mimi Towle por animarme a escribir sobre ello.

A Danielle Goodman, ¡por las mejores sesiones mañaneras de moda y las más creativas del mundo!

A las mejores amigas del mundo (vosotras sabéis quiénes sois), por brindarme cada día incansable apoyo e inspiración para la moda.

A Emily Glaubinger, por poner en papel todas las imágenes de mi cabeza y crear un asombroso trabajo artístico.

A Hallie Warshaw, por ser la primera persona en respaldar este libro. ¡Sin ti nunca habría visto la luz! Y al resto del equipo de Zest, incluido mi extraordinario editor Dan Harmon, por llevarme hasta la meta.

Gracias.

Somer Flaherty es una reconocida estilista de moda afincada en California, con más de una década de experiencia en la industria de la moda. Se graduó en Periodismo por la Universidad de San Francisco y en la actualidad es también profesora de periodismo en la Academy of Art University.

Su trabajo ha aparecido en numerosas revistas, campañas publicitarias y catálogos (por no mencionar el vestuario de clientes privados en todo el territorio de Estados Unidos).